Fogo Sagrado

Ernani Fornari

EDITORA VIDA & CONSCIÊNCIA GRÁFICA

Direção de Arte e Projeto Gráfico: Luiz Antonio Gasparetto
Capa: Márcio Lipari
Diagramação: Andreza Bernardes
Preparação e Revisão: Editora Vida e Consciência

1ª edição
Junho 2010
3.000 exemplares

Dados Internacionais de Catalogação na Publicação (CIP)
(Câmara Brasileira do Livro, SP, Brasil)

Fornari, Ernani
Fogo Sagrado : uma terapia quântica para o terceiro milênio / Ernani Fornari. -- São Paulo :
Centro de Estudos Vida & Consciência Editora.

ISBN 978-85-7722-099-1

Bibliografia.
1. Cura 2. Energia vital - Uso terapêutico 3. Espiritualidade 4. Física quântica 5. Psicologia transpessoal 6. Terapia alternativa 7. Xamanismo I. Título.

10-05818 CDD-615.852

Índices para catálogo sistemático:
1. Fogo Sagrado : Terapia quântica : Xamanismo 615.852

Publicação, distribuição, impressão e acabamento
CENTRO DE ESTUDOS VIDA & CONSCIÊNCIA EDITORA LTDA.

Rua Agostinho Gomes, 2.312
Ipiranga — CEP 04206-001
São Paulo — SP — Brasil
Fone / Fax: (11) 3577-3200 / 3577-3201
E-mail: grafica@vidaeconsciencia.com.br
Site: www.vidaeconsciencia.com.br

Dedicatória

Ao Ministério de Cristo,
a Aloyzio Delgado Nascimento
e Mônica Oliveira,
com todo o meu respeito e gratidão.

SOBRE O AUTOR

Ernani Fornari nasceu no Rio de Janeiro em 1956 e iniciou sua prática de yoga com Victor Binot em 1974.

A partir daí começou os estudos do hinduísmo, com as praticas de yoga, vedanta, tantra e ayurveda.

Formou-se como profissional de hatha yoga pela Associação Brasileira de Profissionais de Yoga (ABPY), em dakshina tantra yoga com Paulo Murilo Rosas e em yogaterapia com Joseph Le Page (Integrative Yogatherapy).

Trabalha desde 1996 como profissional de yoga, yogaterapia e massoterapia. Em 1998 teve seus primeiros contatos com o xamanismo.

Aprendeu alinhamento energético com Mônica Oliveira – com quem trabalhou por cinco anos no Brasil e na Europa realizando milhares de atendimentos e formando centenas de terapeutas. Ajudou a estruturar a filosofia e a metodologia de trabalho do Fogo Sagrado.

Ernani Fornari tem sete livros publicados na área de ecologia e agroecologia, além de ser músico e compositor tem quatro CDs gravados.

AGRADEC

A meu Mestre Swami Tilak, um ser que efetivamente realizou a unidade. Aos meus pais, pela solidariedade, cumplicidade e apoio material e afetivo. Aos meus professores, Paulo Murilo Rosas e Joseph Le Page, com quem de fato aprendi yoga. A Luis Otávio Reis, Ralph Viana e Donati Calleri, com quem aprendi a arte da massoterapia. Ao meu mestre de reiki, Carlos Humberto Soares Jr. Aos meus terapeutas renascedores, Chara e Vasant, toda a minha gratidão. Ao queridíssimo terapeuta e amigo Alex Fausti, meu carinho e gratidão eternos. A Bull e Bill (Aldeia do Sol), César Cruz, Tony Paixão, Carlos Sauer, Rosário Amaral, Artemus Luz e todos os companheiros do universo xamânico, pelo calor transformador das Sweat Lodge e das fogueiras sagradas. Aho Mitakoy'assin! (Obrigada por todas as nossas relações.) A Swami Dayananda e Glória Arieira, com quem venho há anos aprendendo – virtualmente – vedanta. A todos os meus amigos e colegas com quem tenho tido a oportunidade de aprender e trocar experiências: a Sangha de Swami Tilak e Swami Prakashmayananda (especialmente Surendra e

IMENTOS

Narendra e Chandramani, e Dudu e Silvia). Aos amigos do Vidya Mandir e do Integrative Yogatherapy, da ABPY. Aos meus colegas, alunos e clientes do Espaço Saúde e alunos do Alinhamento Energético e do Fogo Sagrado, especialmente Letícia Tuí, Desirée Costa e Carlos Henrique Alves Correa (Ouro Verde). A todos os amigos, colegas, clientes e alunos de Fogo Sagrado da Alemanha e da Áustria, especialmente Eckart Böhmer, Peter e Dagmar Nemetz, Matthias Bohn, Ana Maria Schaz, Samuel Bartussek, Tahira e Gunther Baumgärtener, e Claudia Kern (que escreveu o primeiro livro sobre Fogo Sagrado lançado na Europa). A todos os sábios, santos e mestres de todas as religiões e filosofias, especialmente Buddha, Jesus Cristo, Vyasa, Patanjali, Sri Ramana Maharshi, Bhagavan Ramakrishna, Paramahansa Yogananda, Krishnamurti, Osho e Eckhart Tolle. A Betty (Tulasi Gita), Paula (Prema), Márcia (Purnima) e Mônica (Ma Amrit Sangit), que compartilharam amorosa e solidariamente comigo as muitas etapas do meu caminho. Aos meus filhos Pedro, Ravi e Hari. A minha companheira Gabi.

SUM

ÁRIO

INTRO

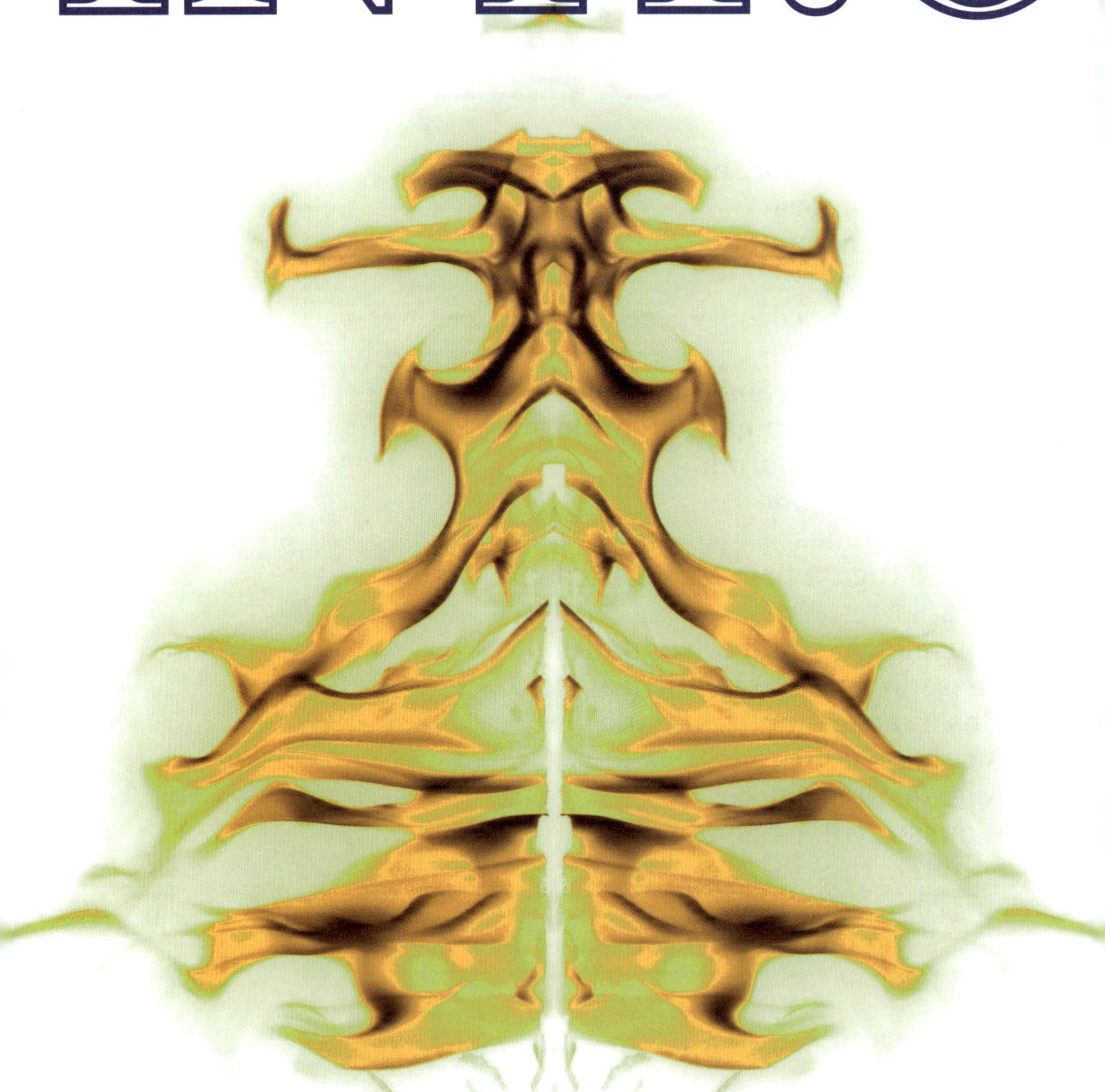

DUÇÃO

Os anos 60 e 70 viveram um (re)nascimento do Oriente no mundo ocidental.

A geração *beat* e o movimento *hippie* começaram a importar da Índia e da China um universo que viria a "contaminar" profundamente (e positivamente) todo o nosso mundo cristão/ capitalista.

Parece que a Gaya – consciência planetária – sentindo a imensa situação de desequilíbrio ambiental e humano pela qual a Terra atravessa, achou que seria interessante que conhecimentos milenares pudessem vir novamente à tona a fim de que esse conjunto de informações e princípios ancestrais pudessem contribuir para a reversão do preocupante quadro mundial. E a inserção das culturas orientais em nossa cultura influiu decisivamente para que houvesse uma profunda reflexão e uma ampla mudança de pontos de vista – novos paradigmas – a respeito da Vida, de nós mesmos e de nossas relações com os outros e com o Universo.

Atualmente, todos, de alguma forma, já ouviram falar ou já experienciaram alguma vez *yoga*, *shiatsu*, meditação, acupuntura, *tai chi chuan*, *feng-shui*, *chakras*, *zen*, macrobiótica, *ayurveda*, budismo. Enfim, passados quase meio século, o universo oriental se integrou perfeitamente – e ainda está se expandindo – ao universo ocidental.

A grande mensagem e a principal contribuição – dentre muitas que o Oriente veio nos trazer, foi a ideia da unidade, a perspectiva que o Universo e a Criação, são um só organismo, um só ser, totalmente inter-relacionado, interligado, integrado.

Uma grande teia em que cada infinitesimal partícula subatômica e cada gigantesca galáxia é consciente e inteligente. Cada elemento desta imensa rede, além de estar interconectado com toda a rede, também funciona como um imã, que atraves do campo magnético, atrai e repeli, coisas e situações num movimento sincronizado e ressonante de contínua evolução, de contínua (re)criação da realidade.

Como disse C. G. Jung no prefácio do livro *I ching*, de R. Wilhelm: "O pensamento tradicional chinês apreende o cosmos de um modo semelhante ao do físico moderno, que não pode negar que seu modelo do mundo é uma estrutura decididamente psicofísica ou ainda o que a "Crítica da Razão Pura" de Kant não conseguiu, está sendo abalado pela física moderna".

Esta mudança de perspectiva foi responsável por trazer um novo alento à péssima autoestima que a religião vigente nos condicionou.

Agora sabemos que não somos mais vis pecadores e culpados congênitos dependentes da misericórdia divina de um Deus que está em um paraíso distante, para Dele nos tornarmos algo que ainda não somos.

E que também, além de não sermos culpados de nada (nem vítimas de nada, nem de ninguém), não somos o produto final – *o top* de linha da Criação, nem a Terra foi criada prioritariamente para nosso uso exclusivo, como se fosse um grande *shopping center* à nossa inteira e ilimitada disposição.

O novo paradigma nos (re)informa de que, já somos a perfeição, a plenitude e a felicidade que buscamos. Nossa essência primordial é o Uno, a pura Luz e o puro Amor.

Mas ainda assim, desconhecemos essa realidade. Temos de resgatar a consciência de que somos todos (co)criadores e (co)responsáveis pelo Universo e pela Vida. Somos partes desse vivo Universo.

Não é bem melhor ser ignorante do que culpado e pecador?

Outra grande contribuição trazida do Oriente foi o resgate da Energia.

A Energia Vital (*prana, chi*) – em suas mais diversas manifestações – que sustenta o Universo e que, de tantas formas e maneiras, podemos instrumentalizá-la e utilizá-la em nosso favor para nossa evolução e crescimento.

A partir do universo aberto pelo Oriente, muitos caminhos se desdobraram, cresceram e se multiplicaram – inicialmente por meio dos *beatniks* e dos *hippies* – como a consciência e o movimento ecológico, as terapias alternativas, a agricultura orgânica, a alimentação natural, o espiritualismo e o esoterismo em geral. Muita coisa já foi inserida em nosso universo urbano e globalizado, trazendo no seu cerne uma nova visão de mundo holístico e integrativo.

Paralelamente a estes acontecimentos, a ciência também sacudiu seus velhos paradigmas, com a expansão da física quântica - colaborando e respaldando o que há milênios os orientais e os xamãs vêm afirmando.

Quando os pais da física quântica perceberam que a menor porção de matéria podia se comportar como onda ou como partícula, dependendo do ponto de vista do observador, este fato trouxe uma ligação com a concepção oriental, que afirma que estar no nível do absoluto ou do relativo, na sombra ou na luz, na ignorância ou no conhecimento, é só uma questão de ponto de vista, de perspectiva.

Por meio principalmente da psicologia transpessoal, também expandiu-se as possibilidades de compreensão da mente e da vida, e tem ajudado a resgatar a utilização das inúmeras ferramentas de cura das antigas tradições.

Ainda assim, algumas culturas ancestrais na perspectiva da *Gaya*, provavelmente trariam grande aprendizado se voltassem à superfície da Terra, trazendo seu milenar conhecimento e sabedoria.

Nos anos 70 e 80, ocorreu o início de um movimento de resgate de muitas culturas distintas, tais como os povos das Américas (índios brasileiros e norte-americanos, incas, astecas e maias, esquimós), os africanos, os siberianos, e os aborígines australianos e havaianos. A tudo isso chamamos de xamanismo.

Existem duas profecias muito significativas no universo xamânico: a primeira, sul-americana que dizia que, 500 anos depois da invasão dos povos que viriam do mar, a águia voltaria a voar com o condor, fazendo uma alusão ao resgate e à (re)integração dos povos nativos das Américas.

A segunda, dos índios norte-americanos, que dizia que também 500 anos depois do flagelo que se abateria sobre aquela terra, os vermelhos voltariam a renascer como brancos, e estes brancos – chamados de "Guerreiros do Arco-Íris" – ajudariam a resgatar o Caminho Vermelho.

As duas profecias estão realmente acontecendo nos tempos de hoje, assim como muitas profecias orientais que dizem que nestes tempos, monges e mestres orientais renasceriam no Ocidente como brancos.

Mas qual será a contribuição que o mundo moderno tem a oferecer a estas culturas aparentemente tão primitivas – na visão do mundo ocidental – já que a maioria delas, por exemplo, nem desenvolveu a escrita?

Primeiramente, referendar tudo o que os orientais já haviam dito. No xamanismo, a ideia da unidade também é a espinha dorsal, o ponto central do conhecimento e do caminho.

Segundo, reconhecer a percepção e a utilização da energia, também amplamente conhecida e praticada.

E ainda – talvez a principal contribuição que o xamanismo vem nos trazer, e que também é uma das razões pelas quais culturas tão distantes e diferentes são incluídas num mesmo rótulo de "xamanismo" – é o que poderíamos chamar de "resgate do sexto sentido", da sensitividade. Esse sentido adormecido, também chamado de paranormalidade, mediunidade e percepção extrassensorial.

Um dos principais postulados do xamanismo é a realidade multidimensional do Universo. Nossa cultura (e sua religião dominante) renegou o sexto sentido e a energia, o homem ficou apenas com os cinco sentidos e a mente racional para poder viver, e pesquisar seu interior, curar suas questões psicoemocionais e espirituais.

Os cinco sentidos e a mente racional são ótimos instrumentos para viver e lidar bem na vida material, objetiva e concreta.

Mas na vida multidimensional, no mundo da intuição, no mundo do sentir, do contato com outros níveis sutis de existência (que a física quântica chama de realidade não-local), esses cinco sentidos não são a ferramenta mais adequada. É o sexto sentido quem abre as portas para uma vida multidimensional consciente.

Fomos educados com a ideia de que a consciência é uma prerrogativa de um cérebro humano cheio de neurônios, mas os índios sabem, por exemplo, que a consciência está e se expressa em cada pedra, em cada animal, em cada planta, em cada ser vivo e em cada dimensão da existência. Só que para conseguirmos nos comunicar com outros reinos e níveis, não usamos os cinco sentidos nem a mente racional. Utilizamos o sexto sentido.

E é por essa razão – e é assim – que, por exemplo, o índio se comunica com pedras, árvores, animais e seres de outras dimensões.

Outra coisa interessante de se notar, é que sempre que na história da humanidade, não se sabia a origem natural de alguma coisa, de algum fenômeno inexplicável, normalmente se atribuía a uma razão sobrenatural, mística, superpoderosa, oculta. E assim se originaram as religiões, o misticismo, o esoterismo e as mitologias.

Porém, muitas coisas deixaram de ser consideradas místicas ou esotéricas quando a ciência ocidental (especialmente agora com a física quântica) começou a fazer outra leitura.

Imagine-se tentando descrever um aparelho celular ou a internet para uma pessoa da Idade Média. Muito provavelmente o queimariam na fogueira por achar que se tratava de magia negra!

Então, estamos tratando aqui de leis universais que foram descobertas há muito tempo, e de antigas tecnologias que foram desenvolvidas a partir desses conhecimentos, e que agora estão sofrendo releituras.

Por exemplo, quando S. Freud "denunciou" o inconsciente ao mundo ocidental e falou da libido; quando C. G. Jung falou do *self*, dos arquétipos e do inconsciente coletivo; e quando W. Reich descobria a correlação entre as emoções, a energia e o corpo físico, e descobria a energia orgânica, todos eles estavam, conscientemente ou não, relendo cientificamente conhecimentos que muitos povos antigos já haviam "descoberto", explicado e instrumentalizado dentro de outros parâmetros e perspectivas próprias.

Podemos assim deduzir que a maior parte da humanidade sempre utilizou o sexto sentido.

Allan Kardec teve o *insight* de desenvolver e especializar o sexto sentido para abrir um canal de interação com o mundo dos espíritos desencarnados. E de fato, ele desenvolveu uma metodologia muito séria e competente, que chamou de espiritismo.

A umbanda, religião brasileira que integra cultura africana, indígena, espírita, católica e oriental, também trabalha com o sexto sentido dentro dessa mesma perspectiva – a mediunidade e a conexão com a dimensão dos desencarnados.

Já o candomblé (culto afro), não trabalha com mediunizar desencarnados. O médium incorpora as forças arquetípicas – deuses – da Natureza (os Orixás) e desfruta de seu Axé (energia e qualidades). É outra utilização do mesmo sexto sentido.

No mundo xamânico, acontecem também as duas formas de utilização do sexto sentido citadas, a tônica, a principal forma de utilização da sensitividade é para se acessar os conteúdos do inconsciente, as crenças e padrões psicoemocionais negativos (autoboicotadores e sabotadores), os "nós" que vêm de vidas passadas ou da ancestralidade, as dores e bloqueios que começam em algum evento traumático localizado em algum ponto da nossa história e que até os dias atuais estão vibrando em nós (acabando por somatizar doenças físicas e psíquicas), dificuldades na vida afetiva, profissional e financeira ou em repetidos casos de interferência energética (energia intrusa, obsessão).

O sexto sentido é uma ferramenta habilitada para se acessar diretamente esses conteúdos psicoemocionais em desequilíbrio, que entravam a caminhada de todo o ser humano rumo a sua maior realização que é a (re)experienciação de sua natureza real – a unidade.

Por nossa cultura não ter aceitado a ideia do sexto sentido e da energia (e de toda a perspectiva holística e animista da vida), acabou construindo a ciência (sob um paradigma cartesiano e mecanicista), a filosofia, a medicina (a visão alopática, reducionista e sintomática da saúde) e a psicologia (principalmente a psicanálise), tudo isso baseada no universo dos cinco sentidos, do ego e da mente racional.

Por essa razão, na psicoterapia (especialmente em psicanálise), os processos terapêuticos costumam ser demorados – quero deixar claro que isso não é uma crítica! Na maior parte das vezes, é realmente necessário que seja demorado, pois por meio da expressão verbal e do desdobramento do racional, o terapeuta facilita habilmente ao cliente a desconstrução gradativa da intrincada rede de controles e defesas que foi construída ao longo de sua vida, a fim de que não acesse mais suas dores, até chegar ao contato com os conteúdos e seus núcleos, e aí efetuar sua catarse e sua re-significação. Tudo isso normalmente é lento, pois não se pode sair destruindo a defesa do paciente, que muitas das vezes é o que o mantém vivo.

Mas se temos uma ferramenta capaz de acessar diretamente os núcleos formadores de padrões (que os hindus chamam de *samskaras*) e transmutá-los – e esta é a proposta da canalização, outra forma de utilização do sexto sentido –, a teia de defesa e controle se desfaz por si só, pois não tem mais necessidade de defender e controlar nada, e o processo de cura pode acontecer de forma muito mais rápida, ampla e profunda.

O mais importante é não se perder a perspectiva de que nada disso é sobrenatural, esotérico, místico ou mágico. Tudo é absoluta e simplesmente natural no Universo, mesmo que não saibamos como e por que funciona.

Agora vou explicar-lhe onde se insere o Alinhamento Energético nessa história toda.

Além de ter sido desenvolvido inicialmente a partir das vivências e experiências de um xamã (branco) entre os índios – Aloyzio Delgado Nascimento, que deu ao seu trabalho o nome de Alinhamento Energético – tem, como tem o xamanismo em geral, seu eixo filosófico e teórico plantado na ideia da unidade, e a base da sua técnica e metodologia de cura, na ampla utilização terapêutica do sexto sentido e da energia.

Quatro coisas caracterizam o Alinhamento Energético: a observação das leis do carma, da sincronicidade e da ressonância; a neutralidade e o não-julgamento; a não invasão do campo e a não manipulação de energia (a finalidade não é tentar interferir no carma para realizar desejos, e sim, desbloquear o local em que a pessoa se limita) e o desapego aos resultados (a confiança que o Universo é inteligente, é sempre perfeito, é ótimo parceiro, mas não se pode, nem se deve, tentar controlá-lo ou manipulá-lo).

E, por outro lado, três coisas caracterizam a forma como o Alinhamento Energético se insere no contexto do universo xamânico em geral, isto é, o que é mais representativo na contribuição que este trabalho tem a dar para a inserção e a expansão do xamanismo em nossa cultura:

Primeiramente, o desenvolvimento da capacidade de se transmutar energias e facilitar o processo de cura, sem nenhum tipo de ritual.

Segundo, a capacidade de se acessar outras dimensões (externas e internas) sem o uso e a ingestão de nenhum tipo de substâncias, isso porém, não significa que sejamos contra rituais ou plantas sagradas, pois já interagimos com as duas coisas e as respeitamos muito.

Mas este trabalho foi intuído e desenvolvido por Aloyzio, e depois reestruturado por Mônica Oliveira (passando a ser chamado de Fogo Sagrado) com a seguinte proposta: fazer o mesmo que os pajés e xamãs fazem em cerimônias e rituais nas aldeias, mas em um ambiente de consultório terapêutico, em plena selva urbana, podendo acolher desde ateus e agnósticos até pessoas de todas as religiões e atividades.

Terceiro, a proposta de ser não um caminho dogmático, rígido ou sectário, mas, sobretudo, uma técnica quântica de cura e uma ponte ecumênica, eclética e universalista entre os conhecimentos sagrados, especialmente os conhecimentos orientais, xamânicos, da física quântica e da psicologia, integrando todas as sabedorias e procurando juntar as partes do grande quebra-cabeça do Universo, inspirando e expandindo a consciência da Unidade em todos nós.

A proposta deste livro é, não só introduzir esta "nova" e altamente eficiente técnica terapêutica, como também, apresentar as bases do novo paradigma que está sendo (re)implantado no planeta neste terceiro milênio.

1. ALINHAMENTO ENERGÉTICO, A ORIGEM

Alinhamento Energético (ou Fogo Sagrado, como passaremos a chamá-lo agora) é um trabalho terapêutico brasileiro, de origem xamânica, que foi desenvolvido pelo agrônomo, farmacêutico e curador Aloyzio Delgado Nascimento – que assim o denominou – a partir de muitos anos de convivência com diversas tribos indígenas brasileiras na Amazônia e no Paraná.

Após muitos anos trabalhando com Aloyzio como terapeuta canalizadora, Mônica Oliveira desenvolveu, após a morte deste, a técnica do Fogo Sagrado, que integra o xamanismo, o conhecimento Oriental, a psicologia transpessoal e a física quântica.

Assim como nas histórias em que Aloyzio contava quando ele observava as curas nas tribos. O terapeuta canalizador faz o papel do índio sensitivo, que expressa a doença, e o terapeuta dirigente, o pajé - conversa com a doença e a encaminha para transmutação.

O interesse inicial de Aloyzio no contato com os índios foi em relação às plantas medicinais. Mas como ele era um grande sensitivo, via sempre os "bastidores" das curas dos pajés.

Assim, percebeu que quando um índio estava doente, o pajé o atendia no sintoma da doença, mas sempre buscava com seu sexto sentido o que havia ocorrido no passado daquele índio, e a somatização na questão do que ele estava levando naquele momento.

O Fogo Sagrado tem a mesma "tecnologia milenar de ponta" dos pajés e xamãs, só que realizada em um ambiente de consultório, sem nenhum tipo de ritual.

Traz ainda, a vantagem de ser livremente associado a qualquer outro tipo de terapia, fomentando e incrementando sempre uma poderosa sinergia (lembre que no nível quântico 1 + 1 pode ser bem mais que 2).

Temos alunos formados, pertencentes a todas as áreas terapêuticas, e que utilizam concomitantemente–o Fogo Sagrado, sem nenhum problema, e com alto nível de otimização de suas técnicas originais.

O símbolo – o animal de poder – do Fogo Sagrado é o beija-flor, que expressa a característica principal deste trabalho. Tendo a possibilidade de ser simultaneamente profundo e leve, de lidar com energias densas e pesadas.

O beija-flor é o vertebrado que tem o maior coração, proporcionalmente ao tamanho do corpo, além de ser o símbolo da leveza, da beleza e da alegria, é o único pássaro que para no ar e voa para trás.

Aloyzio dizia que a alegria e o bom humor eram os ingredientes mais importantes do trabalho, porque "os demônios não gostam de bom humor e alegria".

Por essa razão, adotamos um mantra muito usado pelos xamãs siberianos ao final dos trabalhos: ALEGRIA!

Muita gente pergunta se os terapeutas, depois do trabalho, não ficam com o "lixo" energético dos clientes retido em si. Respondemos que uma das coisas mais interessantes neste trabalho é que ele é "autolimpante", isto é, ao final, todas as energias foram processadas e transmutadas sem deixar nenhum resíduo.

Na Europa, por exemplo, onde o ritmo de atividades é mais intenso, trabalhamos por um mês inteiro, atendendo a seis clientes por dia, além dos *workshops*, palestras e cursos de formação, e o único cansaço que fica é o cansaço físico normal depois de qualquer trabalho.

UM POUCO DA HISTÓRIA DO XAMÃ

Como Aloyzio sempre dizia: "não me segue que eu não sou novela", vamos respeitar aqui a sua privacidade e omitir dados que só atendem à nossa curiosidade menor, tais como datas e detalhes pessoais.

Infelizmente, não tive a oportunidade de conhecê-lo em vida, mas ele esteve e está sempre junto de mim, no meu desenvolvimento como terapeuta sensitivo e na minha função de ajudar a espalhar esta técnica pelo mundo, como ele sempre pediu.

Aloyzio, que nasceu no interior do Rio de Janeiro, era um grande contador de histórias – como a maior parte dos xamãs – e vou contar aqui algumas relatadas por Mônica Oliveira e Carlos Henrique Alves Correa (que também foi um fiel escudeiro de Aloyzio, e que desenvolveu em São Paulo uma técnica derivada do Alinhamento Energético chamada "Ouro Verde"), e já desenvolveram este trabalho em quatro países da Europa. Essas histórias sempre são contadas nas palestras, nos *workshops* e nos cursos de formação.

Aloyzio, além de farmacêutico e agrônomo, foi um grande alquimista.

Além de ter desenvolvido vários medicamentos de origem vegetal, era profundo conhecedor de minerais e pedras preciosas, e trabalhou muito tempo no estudo alquímico da produção de ouro, com a intenção de poder realizar seu maior sonho: criar uma grande fundação para acolher e formar jovens e crianças carentes profissionalmente e espiritualmente.

Aloyzio, chegou realmente a produzir ouro, faleceu antes que pudesse produzir um ouro que fosse financeiramente compensador, e sem que pudesse realizar o sonho da sua fundação.

Duas histórias dele me marcaram muito. A seguir, o relato da história que diz respeito ao seu contato com a Egrégora do Ministério de Cristo (que dá suporte e amparo ao trabalho do Fogo Sagrado).

Aloyzio conheceu os guardiões do Ministério de Cristo por meio de um trabalho chamado "Mesa de São Marcos", que era realizado em sua cidade natal, mas seu primeiro contato com a dimensão onde se encontra esta Egrégora (que na opinião de Aloyzio era na cidade sagrada de Shamballa), ocorreu no seguinte episódio:

Em determinada ocasião, em uma aldeia indígena, os índios estavam fazendo um ritual que envolvia a ingestão de plantas de poder.

Durante a "viagem", Aloyzio entrou em contato pela primeira com esta Dimensão de Luz.

Na volta, comentou com o Pajé, que lhe disse:

– Quando você conseguir esse contato sem ingerir nada, você estará pronto para ser um xamã.

E assim foi. Posteriormente, esse contato foi definitivamente realizado, e ele acabou canalizando mais outros "novos" guardiões (assim como também ocorreu com Mônica) que se incorporaram ao trabalho.

Outra história interessante, e que foi um grande divisor de águas para ele:

Certa ocasião, estava em um carro à noite se dirigindo para uma aldeia, em uma trilha pelo meio da mata, quando o carro enguiçou.

Aloyzio se preparou para dormir ali mesmo enquanto esperava o dia amanhecer para pedir ajuda.

Bem mais tarde, ele percebeu dois ou três índios se aproximando e, ao chegarem perto dele, perguntaram-lhe o que estava ocorrendo.

Ao saber que o carro havia enguiçado, um dos índios pediu que ele abrisse a tampa do motor.

– Você é mecânico? – perguntou Aloyzio.

– Não, mas abra que eu vou dar uma olhada – respondeu o índio.

Aloyzio ficou dentro do carro esperando, e viu que o índio mexia no motor e murmurava palavras estranhas como se estivesse rezando.

Poucos momentos depois o motor funcionou! E Aloyzio perguntou:

– Mas você disse que não era mecânico!

– É, não sou mesmo, mas alguém inventou este motor e alguém o construiu, não é? Então, eu apenas entrei em contato com este conhecimento – respondeu o índio.

A partir daí, Aloyzio desenvolveu vários talentos e técnicas sensitivas.

Por exemplo, ele era capaz de, apenas segurando um livro e lendo o título e o nome do autor, conversar sobre seu conteúdo, após uma pequena concentração.

Esta técnica, ele depois chamou de fóton – criação de uma bola de energia com a união das forças do centro da Terra, do magnetismo da lua e da força vital do sol. É iniciada no terceiro *chakra*, elevando-se ao sexto *chakra*, e sendo emanada a qualquer lugar ou pessoa, que se deseja fazer uma leitura para algum fim curativo ou que se deseja encontrar. Depois, essa bola de energia volta com as informações registradas na mente universal.

Outra aplicação desta técnica acarretou em um incidente desconfortável, mas muito interessante: com o fóton, Aloyzio conseguia localizar pessoas e objetos perdidos, assim ele era muito procurado para esse fim.

E por ter encontrado alguns carros roubados, a polícia o prendeu sob suspeita de ser membro de uma quadrilha de ladrões.

Aloyzio então propôs um teste: a polícia esconderia em algum local da cidade um de seus carros e ele teria de achá-lo. E foi de fato o que aconteceu.

A partir daí, ele nunca mais usou o fóton para localizar sequestros e roubos, e aconselhava as pessoas a não fazê-lo.

Outra técnica interessante desenvolvida por ele, e que faz parte do corpo terapêutico do Alinhamento Energético, é o "Solve e Coagula", baseado em princípios alquímicos, e que serve para dissolver tumores, cálculos, nódulos, cistos, quistos etc. Todo esse conteúdo é encaminhado energeticamente ao fundo do mar.

E essas são algumas das histórias deste ser que não foi rico nem famoso, mas doou ao planeta uma técnica de cura altamente eficiente.

UM POUCO DA HISTÓRIA DE MÔNICA OLIVEIRA

Mônica Oliveira nasceu no Rio de Janeiro, e é formada

em Fisioterapia. Desde pequena demonstrou alta capacidade sensitiva.

Por ainda não ter uma sensitividade não trabalhada e desenvolvida, teve sérios problemas físicos e de saúde – causando-lhe muito sofrimento por anos.

E como acontece com quase todo o sensitivo em nosso país, acabou indo trabalhar em um Centro Espírita, onde permaneceu por anos.

Essa vivência intensa como médium de incorporação, de psicografia e psicofonia, fez com que pudesse perceber um fenômeno que provavelmente ocorre na grande maioria dos Centros: as pessoas que vinham tomar passes e serem desobsidiadas, saíam leves e bem, mas tempos depois voltavam com o mesmo tipo de obsessão que perdurava por anos. E ela, por muitas e muitas vezes, ouviu a frase "Eu não posso ficar sem vir ao Centro".

Certa feita, em uma sessão interna de estudos, Mônica questionou:

– Se Allan Kardec diz que os espíritos obsessores só se ligam ao obsidiado se este os "alimentar", isto é, se o encarnado estiver vibrando na mesma frequência que o obsessor - Por que não trabalhamos o "alimento", a causa, em vez de tratar o sintoma?

O líder do Centro, porém, disse-lhe que Kardec não havia ensinado sobre isso, havia apenas falado sobre a reforma moral do indivíduo, que é absolutamente importante e essencial (mas que pode demorar vidas para que uma transformação substancial possa acontecer).

Nessa mesma noite, Mônica recebeu uma psicografia que dizia que sua intenção era muito nobre, e que ela brevemente encontraria alguém que iria ajudá-la a colocar sua idéia em prática.

Algum tempo depois, sua filha passou por um problema extremamente sério, e alguém sugeriu que ela procurasse um casal que estava no Rio, trabalhando com uma técnica chamada Alinhamento Energético.

Esse casal, que havia aprendido o trabalho com Aloyzio, atendeu Mônica em uma sessão individual, e o problema de sua filha foi rapidamente sanado.

Claro que para uma sensitiva com as inquietações e a insatisfação que ela trazia em seu coração, isso foi uma luz.

Pouco tempo depois, lá estava ela indo para um *workshop* com o xamã criador do trabalho, em uma fazenda no interior de São Paulo.

Ao chegar à fazenda, o trabalho já havia começado, havia cerca de 30 pessoas em uma sala, e o xamã estava na frente, juntamente com sua parceira canalizadora (Aloyzio era sempre o dirigente do trabalho) e uma pessoa se encontrava deitada aguardando atendimento.

Na mesma hora em que Mônica entrou e se sentou, Aloyzio, que nunca a havia visto, virou-se para ela, piscou o olho e disse:

– Há um guardião aqui que vai lhe passar uma mensagem.

Na mesma hora Mônica incorporou um poderoso Ser de Luz da Egrégora do Ministério de Cristo que passou sua mensagem.

Em seguida, Aloyzio a convidou para ocupar o lugar da canalizadora e perguntou:

– Você acredita na Unidade?

– Claro – ela respondeu, pois já havia lido sobre o assunto em muitos livros, mas nunca havia tido uma experiência prática dessa verdade.

– Então, neste momento, você é Uma com esta pessoa – respondeu ele.

E foi assim que Mônica, recém-egressa de um Centro Espírita, e ainda com os conceitos que vigoram nessas entidades (por exemplo, que não se deve mediunizar fora do Centro etc.), começou a canalizar conteúdos psicoemocionais (corpos energéticos).

A partir daí, trabalhou com Aloyzio até que este desencarnasse, e desenvolveu uma nova perspectiva da técnica, mais centrada em uma abordagem especificamente psicoterapêutica – que ela chamou de Fogo Sagrado – já que Aloyzio, como grande pesquisador e experimentador em muitas áreas, também trabalhava com desobsessão, entidades de todo o tipo e demais elementos que pertencem ao universo mais tradicionalmente mediúnico, mas que muitas vezes assusta algumas pessoas menos íntimas deste *métier*.

Como já lhes contei algumas histórias de Aloyzio, vou lhes contar uma história muito interessante que ocorreu logo no início de sua parceria com Mônica.

No interior de São Paulo havia uma mulher que estava internada em um hospital com câncer de fígado e hepatite C à espera de um transplante.

Para que ela pudesse ser atendida por Aloyzio e Mônica, seu marido teve de assinar um termo de responsabilidade para tirá-la do hospital.

Logo no início da consulta, Mônica, ao captar um corpo energético da mulher, foi "jogada" para trás e viu uma equipe médica operando a mulher por meio do corpo energético que estava sendo canalizado por ela.

O mais interessante, era que Mônica via um cateter saindo do fígado do corpo energético e indo diretamente para uma ovelha.

Quando a parte da limpeza energética terminou, os terapeutas pediram um *feedback* da cliente, e ela disse que o único sentido que poderia fazer, era porque ela possuía uma ovelha de estimação em casa.

Pois bem, pouco tempo depois a ovelha faleceu. A senhora, pensando que ela havia morrido enforcada, o que não é incomum em animais presos por corda, mandou que se fizesse uma comida com a carne da ovelha, para ser dada aos pobres da redondeza.

Quando a cozinheira abriu a ovelha, seu fígado estava completamente degenerado.

A mulher então se curou, saiu da fila do transplante e se tornou terapeuta de Alinhamento Energético.

Isso tudo foi documentado por exames pré e pós-sessão, e até os dias atuais os médicos estão sem saber o que aconteceu...

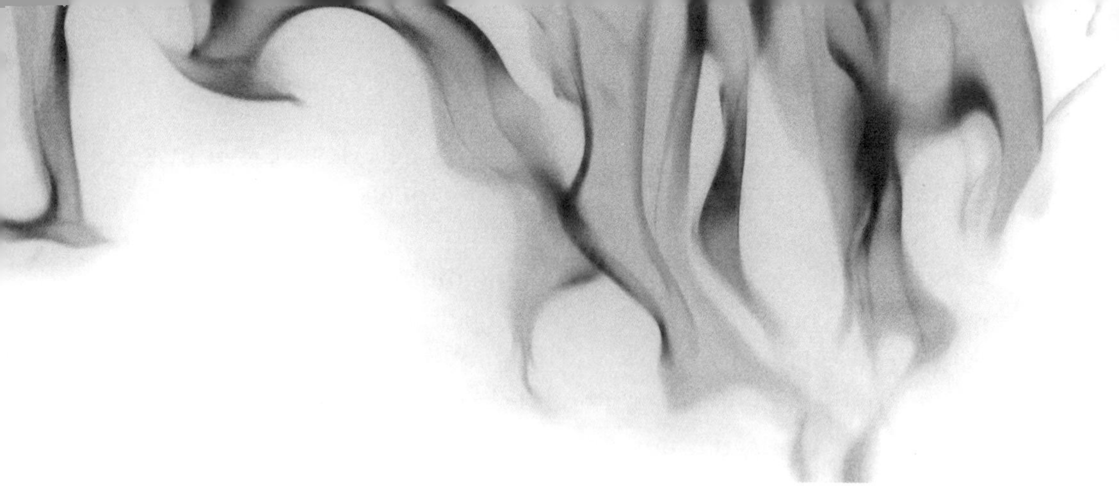

2. ALINHAMENTO ENERGÉTICO, A TÉCNICA

OS TERAPEUTAS E SUAS FUNÇÕES

No Fogo Sagrado, o trabalho é normalmente realizado por dois terapeutas sensitivos: um canalizador e um dirigente, mas também pode ser feito por um só terapeuta – ele mesmo canaliza e dirige os corpos energéticos do cliente.

O terapeuta canalizador é quem faz geralmente a leitura do campo de energia, além de ser a pessoa que incorpora e expressa os conteúdos psicoemocionais – chamados de corpos energéticos, e posteriormente, o corpo em luz e a senha (ou mantra). Talvez o correto fosse chamar o terapeuta canalizador de terapeuta captador, já que os dois terapeutas são sensitivos.

A rigor, os dois terapeutas são canalizadores, já que tanto a leitura do campo, quanto a fase de limpeza (canalização e dirigência) e a fase do corpo em luz e mantra, e até mesmo a explicação do trabalho na primeira sessão, tudo acontece pela interação com a Egrégora, com todos canalizando, intuindo, sentindo.

O terapeuta dirigente é quem conversa com os corpos energéticos manifestados pelo canalizador, na intenção de disponibilizar-lhe seu reequilíbrio e sua cura, por meio da ação transmutadora da Dimensão de Luz que dá suporte a este trabalho e que se chama Ministério de Cristo, e dos guardiões (Seres de Luz) que integram esta Egrégora.

Ambos os terapeutas interagem com o cliente na intenção de

estabelecer as ligações e os *links* entre as questões trabalhadas, ver o que é material consciente e o que é inconsciente (bem como os seus sintomas), entender o que a sincronicidade e a ressonância estão apontando e qual é o aprendizado que a situação está sinalizando. Buscar os "nós" que estão na infância, no nascimento, na gestação ou em outras vidas, reequilibrar as relações com pais, parceiros, filhos, amigos, colegas, e limpar a energia intrusa e as interferências.

A CONSULTA

Uma consulta individual de Fogo Sagrado acontece em quatro fases:

PRIMEIRA FASE: Explicação do trabalho

A primeira parte da consulta de um cliente é sempre uma explicação sobre a origem do Fogo Sagrado, sua técnica, e sobre o que o irá acontecer.

Esta explicação frequentemente também é canalizada, pois a explicação, dada para um espírita não é a mesma dada a um comunista materialista-dialético.

É necessário que se tenha intuição e conhecimento para abordar e desenvolver a explicação de modo a ser facilmente compreendida pelo cliente.

A explicação também faz parte da terapia, já que ela traz toda uma filosofia, uma lógica psicológica e energética que fazem "cair muitas fichas" e aparecerem muitos *insights*.

SEGUNDA FASE: Leitura do campo de energia

Os terapeutas vão ter acesso às imagens e aos sentimentos que o cliente estiver disponibilizando em seu campo de energia (aura), e que se expressam nas emoções, sentimentos e símbolos do inconsciente, os quais vão sendo acessados e interpretados.

Não é possível ler os pensamentos de alguém, pois pensamentos são produtos finais exaustivamente "manufaturados" nas oficinas do inconsciente, totalmente manipulados, controlados, defendidos e resistentes, pouco confiáveis para o exercício do mergulho interno consciente.

Mas é possível acessar emoções e sentimentos, pois medo é medo para todos, raiva é raiva, tristeza é tristeza, só mudam os *scripts*, os cenários, figurinos e personagens da história de cada um. Todos os seres humanos compartilham das mesmas emoções e sentimentos.

Então, com o sexto sentido, e por meio da Lei da Ressonância, podemos acessar as emoções dos outros em nós.

Assim como podemos acessar as imagens que são disponibilizadas e captadas do inconsciente do cliente. A linguagem do inconsciente é uma linguagem preponderantemente simbólica, e estamos todos ligados a padrões arquetípicos culturais e psicológicos comuns, via inconsciente coletivo.

Após a leitura, pede-se para que o cliente sinalize se reconhece esses conteúdos, se o que se leu e interpretou, tem a ver com as demandas e questões que ele trouxe para a consulta, se ele não reconheceu alguma situação ou conteúdo exposto, e se houveram questões que ele trouxe para trabalhar, mas que não apareceram na leitura.

Se porventura ele não reconheceu, e até mesmo os três juntos não conseguiram interpretá-la, a imagem ou sentimento poderão fazer parte do futuro do cliente, quer dizer, ainda não está no plano da realização, mas já se encontra plasmado no seu campo de energia, podendo fazer sentido mais tarde.

Você poderia me perguntar se é possível fazer uma previsão do seu futuro, e eu diria que é bem importante se ter a consciência de que tudo no Universo está em movimento e existem ações que mudam o curso da história. Por essa razão, nada está fixado. O futuro é dinâmico e pertence ao Universo e a você, com suas atitudes na sombra ou na luz.

Pode ser que muitas das coisas ditas – especialmente as não reconhecidas – o cliente possa confirmar mais tarde, como inúmeras vezes já aconteceu, porém, os terapeutas focalizarão sempre o momento presente para que o futuro seja ainda melhor do que já estava programado, afinal, o futuro é dinâmico e não estático e rígido.

TERCEIRA FASE: Limpeza do campo de energia

Nesta fase, acontecerá a captação dos corpos energéticos em desequilíbrio.

É importante lembrar que tudo o que se manifestar nesta fase estará sendo encaminhado para a Dimensão de Luz, liberando o campo de energia e não sendo assim necessário analisar e elaborar o seu conteúdo.

Neste momento, um terapeuta tem a função de canalizador e o outro, de dirigente do trabalho. Ambos atuam tanto a nível terapêutico quanto como canais.

A maior parte do trabalho é realizada em outra dimensão, em parceria da Egrégora do Ministério de Cristo com o Eu Superior do cliente.

Quando o cliente estabelece internamente a intenção de fazer o trabalho e nos liga para agendar o trabalho – muitas vezes as curas – já começam a acontecer, como no caso de uma pessoa que abandonou o vício de cocaína pouco depois de marcar sua primeira sessão.

A outra parte do trabalho é realizada pelos terapeutas. Tanto na canalização, direção e encaminhamento dos corpos energéticos, quanto na interação terapêutica com o cliente, compartilhando seu *feedback* e fazendo as ligações entre os fatos, sentimentos e pessoas, para entender o seu sentido e sua função em sua vida.

Nesta fase, o cliente vai emanar para o canalizador os seus corpos energéticos em desequilíbrio.

O terapeuta dirigente conversa com eles por meio do canalizador e tenta conscientizá-los do quanto atrapalham e desequilibram a vida da pessoa, do quanto equivocada foi sua perspectiva em relação ao que aconteceu, e de como poderiam usar o seu melhor potencial, com a mesma energia, estando em outro polo e propondo mudanças em seu próprio benefício.

A conversa se desenrola até que esses corpos em desequilíbrio concordem em partir para a Dimensão de Luz, a fim de serem transmutados. É muito importante que esta parte quântica do cliente queira melhorar, queira ir para a Luz para ser transmutada. Como dizia Aloyzio: "para romper dimensão".

Vários corpos energéticos vão sendo captados e o cliente tem a fantástica oportunidade de se assistir com seus gestos, palavras e conteúdos.

Muitos clientes mostram a gravação ao seu terapeuta (do trabalho gravado), que depois vem fazer uma sessão ou até mesmo comparecem junto com o cliente.

Estes corpos energéticos são independentes de tempo ou espaço, e o cliente poderá emanar para o canalizador um registro que ocorreu quando ele tinha cinco anos, por exemplo, e que ainda esteja causando sintomas, reações ou acontecimentos relacionados a ele, mesmo que de forma inconsciente.

Pode acontecer também de o cliente não reconhecer algum corpo energético. Isso significa que esse corpo está atuando no seu inconsciente, assim, os terapeutas pesquisam quais efeitos e sintomas isso ocasiona na vida da pessoa.

Os terapeutas ficam o tempo todo relacionando tudo o que é captado, intuído, mensagens recebidas, imagens, canalizações de músicas no campo do cliente, e no fim da consulta têm a história percebida por outro ponto de vista, o que também pode ser muito interessante e transformador.

Pode acontecer de o canalizador captar um corpo energético de alguém do relacionamento do cliente (parentes, amigos, patrão, ex-relacionamento, etc.) e que esteja como uma energia intrusa no campo de energia dele. Por ter a possibilidade de ter uma conversa com este corpo energético resolve, assim, questões antes consideradas difíceis (pessoas com as quais o cliente cortou relações ou que estejam muito distantes) ou impossíveis (como no caso de pessoas que estão em outra dimensão, que já se foram ou que ainda estão por vir), de pessoas que necessitam de ajuda ou desejam harmonizar o seu convívio com este cliente.

É mais uma das incríveis perspectivas que este trabalho traz: poder se incorporar uma pessoa viva!

É de suma importância saber que de forma alguma se estará invadindo o campo energético do cliente. Os corpos energéticos só se manifestarão com a autorização do seu Eu Superior, e sempre será tomado o cuidado de respeitar os segredos pessoais, sendo manifestado somente o que for permitido, como também normalmente ocorre, na hipnose.

Após o encaminhamento do corpo energético, a relação tende a se harmonizar e ambos serão beneficiados simultaneamente.

Neste trabalho, não se tenta manipular e direcionar a energia para satisfazer os desejos pessoais. O Eu Superior da pessoa sabe o que é melhor para ela. Mas nem sempre o melhor é o que ela deseja naquele momento. Nem sempre o que se deseja é o que necessita (e vice-versa).

Durante o processo de captação, os corpos energéticos estarão literalmente saindo, sendo "aspirados", como uma verdadeira cirurgia no inconsciente. Muitos clientes sensitivos confirmaram sentir nitidamente este momento.

Outra coisa extremamente importante é o fato de que tudo o que é falado durante a consulta é considerado como conteúdo, juntamente com os corpos energéticos não manifestados, e estará, assim, sendo encaminhado para o Ministério de Cristo para ser transmutado.

Um detalhe interessante: Aloyzio criou alguns códigos com o Ministério de Cristo para funcionar como ferramentas auxiliadoras na execução do trabalho: o estalar dos dedos e a tela mental.

O estalar dos dedos serve para encaminhar os corpos energéticos para a Dimensão de Luz, para chamar os guardiões, para encaminhar energia intrusa (interferências), para plasmar energeticamente medicamentos e objetos, para direcionar o corpo energético a voltar para a infância ou para vidas passadas etc.

A tela mental, é quando o dirigente estala os dedos e abre a mão com a palma virada para o canalizador (que na maior parte das vezes não vê o que está na tela, mas seu corpo energético vê). Serve para mostrar os guardiões e/ou a Dimensão de Luz, para mostrar outras possibilidades ou a outra polaridade do que está sendo expresso pelo corpo energético, para mostrar possibilidades de cura ou de futuro.

QUARTA FASE: Corpo em luz e mantra

Agora, passemos para a quarta fase do trabalho. Nesta fase, o cliente vai perceber que os corpos energéticos vão fazer o caminho contrário.

Na primeira fase, eles saíram dele – do seu lado sombra – e vieram para o canalizador. O dirigente os encaminhou para o Ministério de Cristo para receberem Luz, orientação e transmutação, trazendo o melhor potencial daquela energia, ocupando o espaço deixado pela saída dos corpos energéticos e elevando a vibração uma oitava acima.

Agora, eles vêm da Dimensão de Luz de volta para o canalizador, que vai manifestá-los.

Eles vão dar uma Senha (como Aloyzio chamava) ou mantra (como passou a ser chamado após a chegada do trabalho à Europa), que é uma palavra ou uma frase, cujo potencial vibratório produz efeitos em seu campo de energia conforme a sua função, que também será explicitada por ele.

Os mantras correspondem com a parte do cliente no trabalho, pois ele tem agora a possibilidade de fazer a conexão com o seu Corpo em Luz, evitando assim, a reconstrução do que foi limpo e transmutado. Podem ser utilizados tanto em momentos difíceis, como apenas para agradecer ou fortalecer o campo de energia.

Poderíamos dizer que dois terços do trabalho energético ficam para a Egrégora e um terço é a responsabilidade e compromisso do cliente, de fazer uma parceria com o seu lado Luz (e com os guardiões) permanecendo atento e observando os seus movimentos e atitudes, para que os velhos padrões não sejam reconstruídos.

Toda esta transmutação ocorre dentro do que a Física Quântica chama de "eventos não-locais", "não-linearidade", "salto quântico", já que tudo ocorre fora da dimensão cartesiana e mecanicista do aparente mundo tridimensional.

Pode acontecer, embora não seja obrigatório nem mesmo comum, de o cliente, após a sessão ter uma pequena "ressaca", assim como pode ocorrer na homeopatia com a chamada "piora clínica" (onde muita gente que não é bem orientada volta para a alopatia, pensando que a homeopatia não funcionou).

Neste caso, é necessário usar o mantra, pois rapidamente ele se sentirá melhor!

O SEXTO SENTIDO

O Universo nos dotou de seis sentidos para podermos caminhar e crescer na vida: os cinco sentidos que aprendemos na escola (audição, tato, paladar, visão e olfato) e o sexto (chamado de mediunidade, intuição, paranormalidade, sensitividade e percepção extrassensorial), que nossa cultura e a religião dominante suprimiu.

Se a perspectiva milenar da maior parte da Humanidade – agora amplamente corroborada pela Física Quântica – é a de que a Existência é multidimensional, a função do sexto sentido é possibilitar-nos o acesso consciente a esta vida multidimensional.

Da mesma forma que cada sentido pode experimentar uma gama bastante ampla de sensações, percepções e funções, com o sexto sentido acontece o mesmo.

Já dissemos anteriormente que Allan Kardec e o espiritismo, a umbanda brasileira, o candomblé e os xamãs e pajés, utilizam de diferentes formas – ou com diferentes "especializações" – o sexto sentido.

A canalização é outra forma de se utilizar o sexto sentido.

Quando, por exemplo, se realiza o Fogo Sagrado, captando conteúdos psicoemocionais (corpos energéticos), o terapeuta sensitivo está canalizando – e a canalização é sempre uma atividade absolutamente consciente.

A mediunização – utilização do sexto sentido para interagir com a dimensão dos espíritos desencarnados – que pode ser consciente ou inconsciente, atua em áreas do cérebro e do corpo de energia, diferentes de onde atua a canalização. São diferentes níveis e funções.

O sexto sentido não é um dom, não é um privilégio ou capacidade de apenas algumas pessoas especiais. Também não é um poder sobrenatural (como são os *siddhis* do yoga). Ao contrário, é um sentido natural que está adormecido dentro de nós e em nossa cultura (diferente do que ocorre nas culturas orientais e xamânicas).

Allan Kardec já havia dito isto em relação à mediunidade: todos somos médiuns.

O que poderia ser considerado um "dom" (mas que na verdade é o resultado evolutivo que é trazido de vidas passadas) é a superutilização do sexto sentido.

Por exemplo, existem dois tipos de vidência: a vidência de olhos abertos e a vidência na tela mental (que pode ser de olhos abertos ou fechados).

Qualquer um, mediante treinamento correto, pode (re)acordar a vidência na tela mental. Qualquer um pode aprender facilmente a acessar outras dimensões por meio da tela mental.

Agora, a vidência explícita de olho aberto (ver desencarnados de olho aberto, por exemplo) embora possa ser desenvolvida mediante árduo treinamento, normalmente é fruto espontâneo do desenvolvimento do sexto sentido em tempos passados, que aparece nesta vida como um dom.

O CORPO ENERGÉTICO

Corpos energéticos (que também poderiam ser chamados de corpos quânticos) são como que invólucros energéticos (psicoemocionais) criados pelos seres humanos a partir de suas experiências de vida(s), a fim de se protegerem do sofrimento e das lembranças e registros dolorosos e traumáticos, mas que, em contrapartida, também servem para inibir, bloquear e subutilizar suas potencialidades ao longo de uma ou mais vidas, fazendo com que padrões desarmônicos oriundos de seus sistemas de crenças influenciem negativamente o seu comportamento e não permitindo a manifestação da sua verdadeira Essência: a Unidade e a Felicidade.

O desequilíbrio energético primordial, que pode se desdobrar em inúmeras formas de doenças nada mais é do que a nossa ignorância (que os hindus chamam de *avidya)*, acerca desta verdadeira Realidade Una que já somos.

Esse desequilíbrio cria uma quantidade enorme de "personagens" em nossa existência, permitindo que eles interajam, manifestem, e interfiram em nosso comportamento e nos induzam a atitudes contrárias a nossa vontade mais pura. A esses personagens damos o nome de corpos energéticos.

Os corpos energéticos, ao contrário do nosso corpo físico, são abstratos, não podendo ser tocados, mas sentidos. Nosso corpo físico é como uma veste sobre o agrupamento dos vários corpos que formam o nosso complexo psicoemocional e energético. Esses corpos energéticos, em conjunto, constituem a nossa personalidade e o nosso caráter. São como unidades psicoemocionais (atuando no nível astral e mental) que se constroem a partir de vivências prazerosas ou dolorosas, ao longo de toda a(s) nossa(s) vida(s).

É importante frisar que muito antes de manifestar seus pensamentos (para isso você precisou nascer e aprender a falar) você já sentia. Desde que seu sistema nervoso central começou a ser formado no útero de sua mãe, você começou a sentir. E começou a registrar informações psicoemocionais em seu inconsciente (além das que já trazia de vidas passadas).

Esses núcleos psicoemocionais agrupam-se e interagem entre si formando nossa personalidade e nosso caráter, com toda a sua intrincada rede de controles e defesas, que estão sempre em função das duas pulsões atávicas básicas (que foram logo percebidas por S. Freud): a busca do prazer e a evitação do sofrimento – que é recalcado, mas continua vivo no inconsciente indo se manifestar nos níveis psíquico, emocional e físico.

É como se constantemente tivéssemos um jogo de futebol acontecendo dentro de nós: o time da Luz (os corpos energéticos equilibrados) e o time da Sombra (os corpos energéticos em desequilíbrio). Nossa tarefa é "convencer" os jogadores da Sombra a passarem para a Luz, porque nossa natureza real é o equilíbrio, a harmonia, o desapego, a alegria, a força, o amor.

Tudo o que não é esta natureza real é "fantasma", crença, energia na polaridade trocada.

Outro bom exemplo é usar a ideia das roupas: a cada experiência que passamos na vida, vestimos uma roupa energética.

Se a experiência foi prazerosa, construtiva, vestimos uma roupa nova e limpa. Se a experiência foi dolorosa, traumática, vestimos uma roupa velha e suja. Assim, vivemos cheios, abarrotados e pesados com essas diversas roupas.

A cada experiência vivida, quando a mente/ego identifica a experiência presente com alguma roupa similar, do passado, essa roupa vibra sua qualidade – positiva ou negativa – como se aquilo fosse acontecer novamente.

Falamos (brincando) que no Fogo Sagrado, tiramos as roupas sujas e velhas e as mandamos para a lavanderia do Ministério de Cristo, que as devolve reformadas, limpas e passadas.

Os hindus chamam essas impressões de psicoemocionais (os corpos energéticos), de *samskaras* (impressões), que geram *vasanas* (nossas crenças, padrões e tendências).

Então vemos que as emoções são fatores altamente preponderantes em nossa vida. E nesse Universo dual, onde tudo é par de opostos – como *Yin/Yang* –, com as emoções não poderia ser diferente.

As emoções são energias que também têm duas polaridades: por exemplo, quando falamos de medo, estamos falando de coragem ou de prudência; quando falamos de tristeza, falamos de alegria; quando falamos de raiva, falamos também de uma energia capaz de criar, construir; quando falamos de ansiedade, falamos de calma, entrega e relaxamento; e do outro lado da angústia vive a confiança, a esperança e a ausência da culpa.

São as mesmas energias com suas duas polaridades.

As inúmeras vivências ao longo de nossa jornada pelas múltiplas existências, imprimem e enraízam informações psicoemocionais – positivas e negativas, dependendo da qualidade da experiência vivida (que pode ser um grande trauma por um evento que só ocorreu uma vez, ou um padrão adquirido por uma repetição de eventos) – em nosso inconsciente, que são responsáveis pela formação de nosso caráter, nossa personalidade, e frutificam (psicosomatizam) de diferentes maneiras: desequilíbrios ou doenças físicas, psíquicas, emocionais, relacionais, profissionais ou sociais.

Este conjunto de informações psicoemocionais negativas – os corpos energéticos em desequilíbrio – são captados e manifestados pelo terapeuta canalizador para serem encaminhados e transmutados pela Egrégora para a polaridade positiva, equilibrada – o Corpo em Luz – e (re)encaminhados para o cliente como um guardião com seu respectivo mantra.

Muitos corpos energéticos atuam apenas no inconsciente produzindo sintomas, mas sem que a pessoa consiga conscientizar a conexão entre o sintoma e a causa. Muitas vezes, um desejo esconde uma necessidade, ou vice-versa.

Por outras vezes, experiências extremamente fortes (ou abundantemente repetidas), geram um complexo de corpos energéticos de defesa – como uma cebola e suas camadas – que escondem o núcleo da questão.

Com habilidade, o canalizador e o dirigente limpam o campo até captarem o núcleo e encaminham para o que seria, neste trabalho, a re-significação energética dos conteúdos.

Atualmente, a ciência já sabe que o cérebro não reconhece a diferença entre o que é passado e o que é futuro, mantendo assim todos os registros constantemente vivos e atualizados.

O cérebro dá suporte aos corpos energéticos, estruturando redes neuronais que gerenciam toda a fisiologia dos neurotransmissores e hormônios que mantêm, vivos e atuantes – em nossa mente e nosso corpo – todos os registros passados.

Quando o canalizador capta um corpo energético, a rede neuronal que dava suporte àquele padrão ou crença começa a desmontar.

Quando o cliente recebe o Corpo em Luz e trabalha com o

mantra, constrói uma nova rede neuronal que substitui a anterior e dá suporte aos novos padrões mais equilibrados e harmônicos que vieram com o Corpo em Luz.

Os orientais chamam a isto de "criar uma segunda natureza".

Os corpos energéticos são unidades psicoemocionais quânticas, constituídas de uma informação emocional (um "sentir", ligado ao nível do corpo astral) com uma temática (a perspectiva do fato, ligado ao corpo mental).

Quando o canalizador capta o conteúdo e "devolve" o Corpo em Luz, ainda resta no inconsciente alguma memória – mais ou menos viva – do antigo padrão.

Se o cliente não trabalha com o mantra, o trabalho de limpeza com certeza aconteceu, mas ninguém garante que ele não vá reconstruir novamente os velhos padrões, assim como uma pessoa que faz uma cirurgia e não toma os medicamentos indicados pelo médico, corre sério risco de adoecer novamente.

O CORPO EM LUZ

Corpo em Luz é o nome que se dá à outra polaridade do corpo energético ou do conjunto de corpos energéticos que são manifestados numa sessão. É a síntese do equilíbrio, da harmonia e da Luz oriundos da transmutação de todos os conteúdos que foram canalizados e encaminhados ao Ministério de Cristo.

O Corpo em Luz é uma entidade quântica, egregórica pessoal, que se re-acopla em nós proporcionando um profundo *upgrade* interno e externo.

Usando a terminologia hindu, podemos dizer que os corpos energéticos são desequilíbrios de Raja e Tamas Guna, e o Corpo em Luz é Sattwa Guna.

O mantra é o nome do Corpo em Luz. É a síntese sonora, energética, vibratória e simbólica da função que ele executa.

Quando o chamam pelo nome, você atende. E quando você quer se chamar na Luz, você deve chamar o nome do Corpo em Luz.

Algumas vezes, o Corpo em Luz pode vir trazido por um

guardião do Ministério de Cristo, neste caso, o mantra é próprio nome do guardião.

A FUNÇÃO DO MANTRA

Quando você tem de reformar um jardim ou uma horta, primeiro arranca as ervas daninhas, prepara a terra, depois replanta novas mudinhas.

Durante algum tempo você tem de regá-las, e elas ficam murchinhas até pegarem. Daí para a frente, a própria Natureza já cuida delas.

O mantra no Fogo Sagrado é como a água que rega a nova mudinha – o Corpo em Luz – que você replantou no lugar das ervas daninhas (os corpos energéticos).

Se você apenas replantasse as mudinhas e não regasse, provavelmente elas morreriam e as ervas daninhas voltariam.

Numa linguagem mais cibernética, o mantra é o *password* que você recebe para acessar a versão atualizada do *software* que foi re-instalado no seu *HD*, que além do mais, estava com vírus e dando *bug*... A senha o faz poder acessar o *upgrade* que foi feito.

O mantra é a forma de se (re)enraizar no inconsciente este *upgrade* energético que aconteceu.

E, numa linguagem mais poética, diríamos que o mantra é a campainha com a qual você chama a você no andar de cima de si mesmo.

O mantra é o nome da entidade quântica (o Corpo em Luz) – a síntese dos corpos energéticos que foram transmutados. É você mesmo no equilíbrio e na Luz.

Algumas vezes o Corpo em Luz que aparece no fim da sessão, vem como um guardião do Ministério de Cristo, e como já mencionado, o mantra é o seu próprio nome.

Ele neutraliza o que pode acabar acontecendo quando você faz uma limpeza energética, mas não trabalha o que originou o problema: em um primeiro momento dá uma despressurizada, uma leveza, mas depois os velhos padrões acabam tendo uma tendência a se reconstruir.

No Fogo Sagrado, quando o terapeuta canalizador capta e expressa corpos energéticos, esses conteúdos literalmente saem do campo de energia do cliente, mas no seu inconsciente continua vibrando a memória dos velhos conteúdos, que é sustentada no nível físico por teias de redes neurais no cérebro, que administram uma complexa química de neurotransmissores e hormônios.

Quando o Corpo em Luz volta para o cliente, ele precisa de um tempo de "enraizamento", até que as teias neurais dos velhos padrões dê lugar a novas teias neurais que vão dar suporte aos novos conteúdos, crenças e padrões mais equilibrados e expandidos.

É como se sua casa estivesse supersuja, desarrumada e cheia de lixo. Aí você contrata uma empresa de limpeza, que limpa, organiza tudo e lhe dá uma vassoura e material de limpeza para você fazer a manutenção, pois se você não conservá-la, a sujeira e a desorganização voltarão.

O mantra é como a vassoura e o material de limpeza que você usa para manter a casa limpa.

Ele não é necessariamente para ser utilizado na Meditação (embora não tenhamos nada contra) nem para ser repetido mecanicamente o tempo todo. Deve ser pensado ou repetido sempre que se perceber que se está incorrendo nos velhos padrões e crenças que foram trabalhados na sessão ou na Roda de Cura, justamente para colocar o complexo mente/emoções/ego conectado com o novo registro que foi trazido pelo Corpo em Luz.

Quando o mantra cumpre sua função, ou seja, quando o novo padrão é enraizado, quando já existe uma rede neural no cérebro dando suporte para o conteúdo que voltou na Luz, o mantra naturalmente se vai, assim como um remédio que você não toma mais quando se cura de uma doença.

Na mitologia hindu, por exemplo, funciona mais ou menos da mesma forma que no Fogo Sagrado: os deuses são os guardiões das qualidades universais – *Shiva*, é o deus da transformação e da meditação; *Krishna*, o deus do amor; *Rama*, o deus do *dharma*; *Saraswati*, a deusa das artes e da sabedoria; *Lakshmi*, a deusa da abundância material e espiritual; *Ganesha*, o deus que remove os obstáculos.

Quando queremos entrar em contato com estas qualidades e virtudes, nos conectamos com os deuses por meio dos mantras – nos *Bhajans* e *Kirtans* (cânticos grupais), na japa[1], na meditação.

Normalmente, os mantras hindus são os próprios nomes dos deuses, e encerram em sua potência sonora vibracional e energética, as qualidades universais que os deuses expressam, fazendo um *link* direto com nossas próprias capacidades e potenciais.

Imagine, por exemplo, que bilhões de pessoas, há milhares de anos na Índia, vem intencionando, entoando, cantando, meditando, o mantra *OM NAMAH SHIVAYA*.

Imagine a energia egregórica produzida e mantida em todo o planeta, trazendo o poder da Transformação da Sombra em Luz e o foco na Meditação e no desapego (que são as principais qualidades de *Shiva*).

Pense nessa energia interagindo com a poderosa inteligência diretora (*Shiva*) relacionada ao mantra.

Agora, imagine essas duas forças interagindo com você, que já tem todas essas qualidades dentro de si, mas não as acessa. E, então, direcione aos deuses orações, mantras e meditações, tudo isso vai retornar para você de forma amplificada pela Inteligência/ Egrégora, numa eterna e perfeita espiral de crescimento.

O poder e a força do mome de Deus é reconhecido em praticamente todas as religiões:

No Pai-Nosso dizemos: "... santificado seja o Vosso Nome...". Os salmos e provérbios da Bíblia estão repletos de conexão com o nome de Deus.

Na religião judaica nem se pronuncia o nome de Deus (*Yaveh*), de tão sagrado que Ele é para seu povo. Existem outros nomes para chamá-Lo.

No islamismo, o nome de *Allah* também é forte e muito importante na religião.

No hinduísmo, diz-se que na atual era universal (*Kali Yuga*, a era negra, a era do Ferro, onde a humanidade experimenta seu estado

1 Japa ou Japam é a repetição mental ou verbal de um mantra com o objetivo de atingir estados alternados de consciência (Nota da Edição).

mais primitivo) a conexão com as outras dimensões e virtudes é tão bloqueada, que "Deus se faz presente na potência dos seus Santos Nomes", e isso é amplamente aceito na Índia, independentemente da linhagem filosófica: Deus e Seu nome são Um.

E veja como é um ciclo interessante: os sábios do passado canalizaram essas inteligências diretoras, suas funções e formas de se fazer contato e de se interagir.

As pessoas cultuaram essas inteligências como mitos antropomorfizados, e as "alimentaram" egregoricamente com intenção, cultos, mantras, canções, orações e meditações.

Ao interagir com essas inteligências, alimentando sua Egrégora, você acaba experienciando e realizando - por ressonância, que também possui essas qualidades universais e que a inteligência de deus é a mesma que a sua – a mesma eterna consciência.

Respire seu mantra, (re)incorpore suas qualidades. Os mantras ajudam a trazer aquilo que você já é.

O MINISTÉRIO DE CRISTO E SEUS GUARDIÕES

Muitos mestres disseram – e a Física Quântica está corroborando – que tudo o que está fora de nós, está dentro de nós e vice-versa. Isto quer dizer que todo o Universo está dentro de nós. Todas as qualidades e virtudes que temos dentro, existem fora de nós.

As mais modernas descobertas da neurofisiologia cerebral mostram que o cérebro humano não reconhece a diferença entre dentro e fora, ou seja, entre o que está acontecendo "realmente" e o que imaginamos. Tudo para o cérebro é real. O amor, a força, a paz, a coragem, a determinação, a fecundidade, a justiça, o equilíbrio, a harmonia, a disciplina, a criatividade, a alegria, o prazer, a flexibilidade, a honestidade, a lealdade, a serenidade, a beleza...

Todas essas – e muitas outras – qualidades e virtudes "fora" de nós são "gerenciadas" por inteligências em níveis mais elevados que nós, na hierarquia universal.

São, por exemplo, os deuses de tantas mitologias, de tantas culturas: os devas do hinduísmo, os animais de poder do xamanismo, os anjos das culturas judaico-cristãs, os orixás da África, e é também o Ministério de Cristo – a Egrégora que dirige o trabalho do Fogo Sagrado.

Os seres de Luz de uma forma geral, não nos podem dar nada que porventura já não tivéssemos, porque temos toda a Criação dentro de nós. Não nos falta nada, somos "fabricados" completos, perfeitos, embora ainda não nos lembremos disso. Não precisamos de deuses nem Mestres para nos dar o que já temos.

Mas eles podem interagir conosco e nos ajudar a despertar e desenvolver esses potenciais e virtudes já existentes dentro de cada um.

Ao longo da história da humanidade, o homem projetou para fora de si essas qualidades e virtudes arquetípicas, antropormofizadas, na figura dos deuses, cada um com sua qualidade e função, como num processo coletivo/psicológico de projeção e transferência: ver fora de si e buscar o que já se tem e não se sabe ainda!

O homem construiu os deuses à sua imagem e semelhança, num processo intuitivo onde sábios e mestres canalizaram escrituras, conceitos teológicos, rituais, sistemas filosóficos, técnicas psicofísicas e de meditação, e métodos de cura e de iluminação. Repare que todas as mitologias são funcionais: o deus da chuva, da fertilidade, da justiça, da força, da verdade...

Os deuses são como espelhos que refletem a plenitude que já temos e somos, e que está inconsciente ou subutilizada em nós.

Como os deuses são a própria personificação egregórica e arquetípica dessas virtudes e qualidades universais (que todos já possuímos), esses Seres – guardiões, devas, anjos, orixás ou animais de poder – são simultaneamente separados de nós, e ao mesmo tempo quanticamente nós mesmos, em outras dimensões.

Toda atividade humana tem a sua Egrégora, seu grupo de seres que interagem com o mundo encarnado (guias, mestres, antepassados).

Cada família, religião, hospital, escola, grupamento humano, tem sua Egrégora, ao mesmo tempo em que o somatório das intenções, pensamentos e sentimentos de um grupo de pessoas, focadas em um mesmo objetivo, gera um ser egregórico, uma entidade quântica/energética que vai proteger e amplificar sinergicamente toda a energia gerada (positiva ou negativa).

Então, a Egrégora é uma energia que acontece nestas duas

vias: por um lado são inteligências superiores que administram o Universo e que interagem com o ser humano para dinamizarem e harmonizarem sua caminhada, e, por outro, essas inteligências – que tem sido canalizadas pelos sábios de todos os tempos e lugares – transformaram-se em mitos antropomorfizados (entidades egregóricas e arquetípicas), que são alimentados e energizados por milênios com intenções, orações, práticas, meditações, rituais, gerando um grande somatório de energia, num imenso quantum de poder energético e espiritual.

A Egrégora do Ministério de Cristo – que dá suporte, guia, apoio, proteção e amparo ao trabalho do Fogo Sagrado – foi inicialmente canalizada pela "Mesa de São Marcos" e posteriormente por Aloyzio.

Ela é composta de Seres de Luz (chamados guardiões) de várias linhagens evolutivas, que se ofereceram a um xamã para trabalhar transmutando e curando conteúdos psicoemocionais em desequilíbrio.

Muitas vezes, somos questionados no decorrer de consultas e palestras, acerca do significado do nome "Ministério de Cristo" e da sua aparente natureza religiosa.

É comum a ideia de que pode se tratar de uma religião ou ordem evangélica, católica ou mesmo espírita, na suposição de que ao mencionarmos Cristo, estamos nos referindo especificamente a Jesus, o grande espírito de Luz da hierarquia Crística (como também o é *Siddharta Gautama*, na hierarquia Búdica).

O Cristo se refere à Consciência Crística.

Com toda a certeza, a Egrégora quis respeitar as raízes religiosas e culturais do Ocidente.

E muito provavelmente poderia ter se chamado "Ministério de *Buddha*", se Aloyzio tivesse vivido no Oriente...

OS PRINCIPAIS GUARDIÕES DO MINISTÉRIO DE CRISTO

ALIMENTO SAGRADO – É sempre chamado antes das refeições para purificar e vibrar os alimentos. Também está relacionado a tudo o que nos alimenta (o que ouvimos, pensamos, vemos).

ANINHA DA BORRACHA – Ser de Luz, criança, que trabalha apagando os registros negativos do passado.

ARCANJO MIGUEL – Uma das energias que está na liderança da hierarquia do Ministério de Cristo. Trabalha na transmutação da sombra em Luz, na proteção contra as energias densas, na Justiça universal e no discernimento entre o irreal (a ilusão) e o real (a verdade).

ARLESSE MONTINELLI – Ajuda a manter a mente em equilíbrio, com lucidez, serenidade, inteligência, boa memória, bons reflexos, concentração e poder de raciocínio. Ótima como guardiã para ajudar em exames e provas difíceis, entrevistas profissionais etc. Também ajuda pessoas que têm problemas psíquicos e psiquiátricos.

AVANTE VAZ – Impulsiona os projetos, as ideias, os movimentos de expansão e crescimento. Para alcançar a vitória merecida.

BELO HORIZONTE – Abre os horizontes, as fronteiras, as barreiras do caminho.

BIANACHURA – Abre o campo de energia para atrair a fartura, a abundância e a prosperidade.

CÉDULA SAGRADA – Desbloqueia os padrões sabotadores que atuam sobre a capacidade de se gerar prosperidade e abundância, de ser bem-sucedido em sua vida profissional. Para aprender a pagar e receber com consciência, verdade e justiça; a lidar com dinheiro como se lida com qualquer energia: com bom senso, respeito e equilíbrio.

CLARA – Energia feminina que trabalha no elemento Água, no equilíbrio das emoções, na clareza dos pensamentos e dos sentimentos, e na expressão harmoniosa das emoções e dos afetos.

CURA UNIVERSAL – Rege a cura dos males e desequilíbrios gerais da humanidade.

DINAMÓS – Rege o átomo. Dá ânimo, energia. Rompe a inércia inicial dos projetos e das mudanças.

DIOR ALLEM DI VAZ – Abre os portais, rompe as dimensões. Abre os canais para as multidimensões.

DIVINA VONTADE – Para que a vontade do seu Eu Superior prevaleça.

DR. ARISMAR – Médico do Ministério de Cristo. É o Médico dos médicos. Trabalha com uma equipe de guardiões chamada Engenheiros Genéticos.

DUDU E MARICOTA – Representam as crianças do Ministério de Cristo, trabalhando no amor puro e na alegria, e protegendo contra as energias densas.

ESCUDO DE PROTEÇÃO – Protege contra energias densas e situações tensas (violência urbana, por exemplo).

ESPADA DE FORÇA – Promove a paz nas favelas, gangues, brigas e violência urbana.

FLECHINHA – Energia indígena, criança, que trabalha para focar o objetivo – acertar o alvo.

GIRAMUNDO – Para dar movimento e fazer funcionar. Para limpar pessoas e ambientes densos.

GRANAQÜER – Rege a tranquilidade e a serenidade. Traz a calma em situações de stress, ansiedade, medo e raiva.

GUERREIROS DA LUZ – Grupo de guardiões ligados à energia indígena, que trabalha pela limpeza dos ambientes e transmutação das energias.

JANGADA – Guardião indígena que leva pessoas às águas (situações, emoções) difíceis, e as ajuda a atravessá-las.

KAZÍ – Guardião que trabalha a frequência dos adolescentes trazendo harmonia e equilíbrio.

LUZ E FÉ (Lúcifer) – Guarda os portais do inferno do homem. Para encaminhar e transmutar energias densas.

MARABÔ – Encaminha e desintegra energias muito densas.

MINUTINHO DO TEMPO – Harmoniza a relação com o tempo.

NOS BRAÇOS DE DEUS – Traz confiança, tranquilidade e capacidade de entrega. No início da sessão individual ou da Roda de Cura sempre se entrega o cliente "nos braços de Deus".

PALAVRA CONSCIENTE – Ajuda a abrir o canal da sensitividade. Torna a expressão verbal verdadeira, sincera, objetiva, consciente e ao mesmo tempo, gentil e amorosa.

PARANGOLÉ – Guardião que trabalha na cura dos vícios.

PENA BRANCA – Guardião responsável pela energia indígena do Ministério de Cristo. Trabalha a força, a coragem, a ética, a verdade e a justiça.

RAMISVANUCHI – Guardião da verdade.

SÃO MARCOS – Um dos guardiões líderes na hierarquia da Egrégora do Ministério de Cristo. Auxilia nos movimentos de mudança, passagem de fase (São Marcos, são marcas). Traz a consciência do sentido e do significado de cada movimento da vida, de cada marca.

TESOURA DOURADA – Corta laços energéticos indesejáveis, ligações com o passado e com más tendências da ancestralidade.

TONINHO DA GLÓRIA – Trabalha na frequência da Justiça universal. É o advogado dos advogados.

UM POR TODOS E TODOS POR UM – Rege a interação entre os homens no processo evolutivo. Traz a ideia e o sentimento da Unidade.

VELHO JARDINEIRO – Limpa as "ervas daninhas" dos ambientes.

VELUDO – Amacia as palavras e as situações.

TRÊS CASOS SOBRE QUESTÕES FREQUENTES

Não Manipulação

Certa vez, mulher procurou o Fogo Sagrado com a intenção muito obstinada de salvar seu casamento.

Disse que o marido dela era uma pessoa muito interessante, um artista muito talentoso, mas que eventualmente bebia e batia nela. Mas mesmo assim, ela queria manter o casamento.

Foi lhe explicado – como sempre é explicado – que o trabalho não salva casamentos nem funciona para realizar desejos pessoais.

Os desejos são realizados a partir dos desbloqueios internos que impedem que o que a pessoa deseja seja atraído por ela. E, com certeza, após o desbloqueio acontece o que for melhor, segundo seu carma e merecimento.

A cliente estava tão fixa na ideia de salvar a relação a qualquer custo, que nem deve ter ouvido direito a explicação.

O trabalho foi feito, e, cerca de 15 dias depois, a mulher ligou bastante irritada, reclamando que o trabalho era horrível, não tinha funcionado, e, pior, o marido tinha tomado aquele pileque e batido muito nela. Resultado: ela se separou dele.

Novamente lhe foi explicado tudo aquilo, que não se manipula, que o melhor sempre acontece etc. Mas a mulher não se convenceu nem se conformou e ainda pediu o dinheiro da consulta de volta.

Quase dois meses mais tarde, ela ligou muito constrangida, desculpando-se e dizendo:

– Eu queria dizer que depois da separação fiquei tão mal, tão estressada, que fui para um SPA e lá encontrei um homem maravilhoso, o amor da minha vida! Gostaria de me desculpar e de agradecer-lhes muito! Vou devolver o dinheiro da consulta em dobro!

Agora, imaginem se em vez de procedermos como mencionado, tivéssemos realizado uma magia, subornando um desencarnado qualquer que se prestasse a isso, para manter o "casamento", a doença teria continuado e o homem maravilhoso provavelmente não teria sido encontrado.

Não Reconhecimento dos Conteúdos

Uma cliente veio pela primeira vez, em uma sessão, muito desconfiada e fechada.

Quando a canalizadora captou o primeiro corpo energético, este expressava raivosamente:

– Eu não quero e não vou mais trabalhar como empregada! Não quero mais assinar ponto, ter patrão e me submeter às ordens de ninguém! Chega! Quero abrir a minha própria empresa!

Quando o dirigente encaminhou este corpo energético, a cliente estava com uma expressão de "caí numa arapuca de charlatões", e quando lhe foi perguntado, como sempre é feito, se ela reconhecia aquele conteúdo, ela disse enfaticamente que não.

A canalizadora, muito experiente, fechou os olhos para pesquisar mais e perguntou:

– Ah, então você deve estar desempregada, não é?

A mulher mudou de cor, ficou perplexa, arregalou os olhos e disse:

– Este é o meu problema e é por esse motivo que vim aqui. Eu tenho um currículo maravilhoso, com diplomas internacionais, envio o currículo para todas as empresas, entrevistam-me, aparentemente gostam muito de mim, mas não me contratam.

Quinze dias depois da sessão ela ligou muito contente dizendo que uma empresa a havia contratado.

Com certeza, como os profissionais de RH de empresas são pessoas muito intuitivas, "percebiam" aquele corpo energético raivoso que estava no inconsciente e sabotava uma real necessidade, que era a de trabalhar, até para que ela tivesse como viabilizar seu projeto de ter sua própria empresa.

Uma jovem tímida e retraída veio fazer uma sessão. O primeiro corpo energético expressava muita raiva de si mesmo. (Depois, o canalizador contou-me que o corpo energético era muito raivoso e tinha muita vontade de se bater, de se machucar). Quando foi perguntado se ela reconhecia, a cliente respondeu que muito pelo contrário, ela até estava fazendo terapia para entrar em contato com sua raiva. Quando o canalizador foi pesquisar no campo da cliente, viu uma imagem dela toda machucada, cheia de ferimentos, curativos.

Ao ser perguntada se reconhecia aquela imagem, ela confirmou dizendo que se machucava muito, sempre tinha acidentes, já havia quebrado vários ossos e feito cirurgias. Então foi trabalhado o corpo energético de raiva de si mesma, que fazia com que ela atraísse os acidentes para poder se ferir, machucar-se.

Reconstrução do Corpo Energético

Uma senhora bem idosa veio fazer uma sessão para se livrar de uma incômoda dor.

Após a leitura, entre outras coisas, ela comentou que os filhos a visitavam nos fins de semana preocupados com suas dores.

O trabalho foi feito, as dores passaram, mas semanas depois ela ligou reclamando que com o fim das dores os filhos pararam de visitá-la.

Foi-lhe sugerido que ela usasse sua criatividade para atraí-los, fazer uma comida gostosa ou talvez mudar algum comportamento que fosse incômodo aos filhos.

Mas também lhe foi dito que ela poderia, se quisesse, reconstruir suas dores. E foi o que ela, infelizmente, fez. E os filhos voltaram a visitá-la...

RODA DE CURA

Outra modalidade para trabalhar com Fogo Sagrado é a Roda de Cura, que acontece quando se tem um grupo.

As pessoas se sentam em círculo, uma pessoa deita no centro e os dois terapeutas desenvolvem as fases do trabalho.

O interessante desta modalidade de trabalho, é que pelas leis da sincronicidade e da ressonância, todas as pessoas que se identificam com os conteúdos e padrões da pessoa deitada no centro, e que são manifestados pelo canalizador, têm seus corpos energéticos magneticamente encaminhados, juntamente com o do cliente num grande pacote energético.

Quando o Corpo em Luz volta com o mantra, todos são beneficiados igualmente.

TERAPIA TRANSDIMENSIONAL

Trabalho de grupo desenvolvido por Mônica, a partir de sua profunda experiência com o Fogo Sagrado e de suas muitas vivências com as constelações familiares (terapia sistêmica fenomenológica desenvolvida pelo terapeuta alemão Bert Hellinger), com o sans teatro (técnica terapêutica desenvolvida e aplicada pelos xamãs siberianos) e com o psicodrama (terapia desenvolvida pelo médico romeno J.L. Moreno).

Na terapia transdimensional, uma pessoa relata alguma questão que envolve relacionamentos – podendo ser da esfera familiar ou profissional, e juntamente com o terapeuta escolhe em meio a outras pessoas presentes, os "personagens" de sua história e vai posicionando-os na sala.

Ao sinal do terapeuta, os personagens começam a canalizar e dramatizar os padrões de comportamento (corpos energéticos) das pessoas que estão sendo representadas pelos personagens, interagindo entre si.

Durante este tempo, o cliente poderá permanecer junto ao terapeuta, assistindo.

Depois de algum tempo, a um sinal do terapeuta, os canalizadores encaminham estes corpos energéticos à Dimensão de Luz.

Faz-se um círculo com o cliente no centro, e cada canalizador capta o Corpo em Luz relativo ao corpo energético que havia canalizado, e dá uma mensagem de cura ao cliente.

Ao final, o terapeuta traz o mantra para o cliente.

Da mesma forma como ocorre na Roda de Cura, todos os presentes são beneficiados, em função das leis da sincronicidade e da ressonância.

OUTROS TRABALHOS QUE UTILIZAM TERAPEUTICAMENTE O SEXTO SENTIDO

Gostaria de pontuar alguns trabalhos que tem, de alguma forma, semelhanças com o Fogo Sagrado e com esta perspectiva de se utilizar o sexto sentido para transmutação de energia e cura.

Resgate da Alma

Trabalho terapêutico derivado do xamanismo norte-americano e desenvolvido por Michael Harner (neo-xamanismo) e Sandra Ingerman.

A ideia central é que eventos traumáticos fazem com que "percamos partes da nossa alma", isto é, essas partes quânticas de nós mesmos (corpos energéticos) ficam presas em um tempo/espaço virtual, em algum dos diversos níveis do inconsciente.

O terapeuta deita-se ao lado do cliente, dá a sua mão a ele, e por meio de uma viagem xamânica – onde um tambor toca ritmada e ininterruptamente – com a guia e a proteção do animal guardião, acessa as regiões onde estão essas partes presas que causam os bloqueios, o sofrimento e as limitações, trazendo-as de volta e as reincorpora ao cliente.

Enquanto no Fogo Sagrado o canalizador capta e expressa verbalmente o conteúdo psicoemocional, encaminha e traz o Corpo em Luz, no Resgate da Alma o canalizador entra no inconsciente em viagem xamânica e resgata o conteúdo para reintegrá-lo ao cliente.

Psicotranse

Trabalho desenvolvido pelo psiquiatra baiano Eliezer Mendes, que levou yalorixás de candomblé para dentro dos sanatórios para que captassem os desequilíbrios psicoemocionais dos doentes.

Em um primeiro momento ele trabalhou focado em limpar os obsessores. Em um segundo momento, avançou para o trabalho com vidas passadas. Finalmente, entrou na perspectiva de captar os conteúdos e núcleos psicoemocionais do inconsciente.

Nesse momento, parou de usar yalorixás e começou a treinar seus terapeutas sensitivos.

Constelações Familiares

Trabalho psicoterapêutico familiar sistêmico desenvolvido pelo terapeuta alemão Bert Hellinger, a partir de suas experiências como missionário entre os *zulus* na África.

O cliente faz um resumo de sua história, o terapeuta pede que ele selecione os personagens entre as pessoas presentes (em uma sessão de Constelações Familiares (CF) é necessária a presença de algumas pessoas, embora haja uma modalidade individual que utiliza bonecos), que normalmente não o conhecem nem conhecem sua história, tampouco são necessariamente sensitivos treinados.

O terapeuta posiciona os "atores" e eles espontaneamente canalizam as emoções dos personagens. Há novo reposicionamento e reavaliação dos personagens até que a Constelação se reequilibre e se re-harmonize.

Uma Ordem Maior reorganiza energeticamente estas estruturas coletivas que são expressas nas sessões de CF.

Hellinger recusa-se a qualquer tentativa de se explicar o funcionamento de seu método (a Teoria da Ressonância dos Campos Morfogenéticos, do biólogo Rupert Sheldrake pretende, por exemplo, explicar o método de Hellinger), e o chama de terapia fenomenológica.

Apometria

Técnica sistematizada pelo médico espírita gaúcho Dr. José Lacerda de Azevedo, onde o médium desdobra-se e, fora do corpo físico, auxiliado por espíritos desencarnados, auxilia as pessoas (também em desdobramento) em suas questões de traumas e bloqueios psicoemocionais, com as vidas passadas e com os obsessores.

3. DICAS PARA VIVER CONSCIENTE E FELIZ NO TERCEIRO MILÊNIO

Dissemos anteriormente que a principal função dos mantras no Fogo Sagrado, é para que não reconstruamos o que foi limpo e transmutado.

Mas com toda a certeza, a outra garantia da não reconstrução dos velhos padrões, é a reformatação, a reengenharia de nossa autoimagem e da nossa visão de mundo. A busca de um novo paradigma mais integrativo e mais unificado.

Por esse motivo, este livro, além de apresentar uma excelente e eficaz técnica terapêutica, também oferece para reflexão alguns temas muito importantes.

Temas esses que estão sendo resgatados e desdobrados neste momento da história do planeta, principalmente pelas quatro grandes correntes de conhecimento que norteiam o Fogo Sagrado: os conhecimentos orientais e xamânicos, os da psicologia transpessoal e os da Física Quântica.

Em nossos cursos de formação, dizemos que os alunos estão ingressando em um curso "três em um", porque além do aprendizado da técnica em si, eles estarão passando o período do curso fazendo terapia (o próprio processo de aprendizado é uma poderosa terapia) e aprendendo e refletindo sobre uma nova visão da vida, trazida pelas quatro grandes correntes de conhecimento.

E, ao término do curso, todos passam por uma belíssima Consagração (Iniciação), onde um guardião do Ministério de Cristo se apresenta e se oferece para ser o seu "padrinho", acoplando-se no seu campo de energia para amparar, proteger e guiar seu trabalho como terapeuta de Fogo Sagrado.

No curso (que tem a duração de um ano e habilita o terapeuta para trabalhar em dupla), o terapeuta tem a oportunidade de cursar mais um ano de aprofundamento (que o habilita a trabalhar sozinho), para poder, se assim o desejar, formar-se como professor de Fogo Sagrado.

Não estranhem se algumas vezes me repito em alguns itens, mas a repetição e a abordagem de um mesmo assunto sob diversas perspectivas, é parte inerente dos processos oriental e xamânico de ensino e de aprendizado.

Muitas vezes precisamos ouvir várias vezes o "óbvio" até que em um momento certo ele faz sentido e explode como um *insight* transformador.

Para cada item citado, vou sugerir um mantra (ou afirmação, na linguagem esotérica), que você pode usar para re-significar e reequilibrar as questões que estarão sendo abordadas, se você achar que produzem eco em seu coração.

REFLEXÕES SOBRE A REALIDADE

"*Om purnam adah, purnam idam*
Purnat purnam udacyate
Purnasya purnam adhaya
Purnam evavashishyate"

"Isto é Uno (Perfeito, Total, Pleno), aquilo é Uno
Do Uno só sai o Uno
Ao se separar uma parte do Uno
É Uno o que se tira e Uno o que resta "
(Isha Upanishad, escritura hindu)

O que é a realidade?

Os hindus e chineses dão a dica quando apresentam o milenar conceito filosófico/dialético do Absoluto/Relativo.

Os chineses chamaram o Absoluto de *Tao* e o Relativo de *Yin* e *Yang*.

Os hindus chamaram o Absoluto de *Brahman* (*Purusha, Shiva*) e o Relativo de *Maya* (*Prakrit, Shakti*).

O Absoluto é a Consciência Eterna, Incriada, Transcendental, não dual e permanente. Os hindus dizem que *Brahman* é *Satchidananda* (Consciência, Eternidade e Bem-Aventurança).

O Relativo é a dualidade, a impermanência, a identificação da mente/sentidos/ego com a parte em vez do Todo.

Isso expressa a ideia fundamental de que nos relacionamos simultaneamente com duas realidades:

– a realidade que construímos com toda a nossa bagagem cármica, genética, cultural, educacional, crenças e registros do passado. É a autoimagem (quem eu acredito que sou) e a particular visão de mundo que cada um constrói e mantém.

– a realidade que existe por si, independente das infinitas realidades relativas construídas por cada um. Ela não é a soma das realidades relativas. Ela é simultaneamente imanente e transcendente a elas. A realidade é a própria Consciência (que as religiões chamam de Deus).

Para o hindu, estar na Sombra ou na Luz, na ignorância ou na sabedoria, na diversidade ou na unidade, é só uma questão de perspectiva, de "ótica". Daí as escolas filosóficas hindus se chamarem *Darshanas*, cuja tradução literal é "pontos de vista" (acerca da realidade).

Exatamente como ocorreu quando os pais da Física Quântica perceberam que as porções subatômicas da matéria se comportavam como partículas ou como ondas de acordo com a perspectiva do observador – olhou é partícula, não olhou é onda.

Isto é, "olhar" é ver a Realidade Una (onda) por meio da lente da visão de mundo construída por nós com nosso complexo cinco sentidos/mente/ego e seus conceitos, padrões e crenças (partícula).

O santo, o Iluminado, é aquele que vê as partículas pela perspectiva da onda. Enquanto nós ainda estamos vendo as partículas pela perspectiva da partícula.

No âmbito da vida humana essas perspectivas absoluta e relativa também se expressam na forma da nossa simultânea singularidade (somos completamente diferentes uns dos outros, não há quem tenha o mesmo rosto nem a mesma impressão digital) e universalidade (somos todos essencialmente o mesmo ser).

A tradução correta para a palavra hindu *Maya* (que é incorretamente traduzida como ilusão), é "é/não é", ou seja, essa existência, fragmentada e cindida (sentimo-nos separados uns dos outros, da natureza e de Deus), que acessamos com nossos cinco sentidos e com nossa mente racional, simultanemente existe e não existe

Sob a perspectiva da relatividade – da visão dual da vida, da identificação da mente/ego com a realidade fragmentada e mutante das três dimensões e do tempo/espaço – esta realidade concreta e dual obviamente existe, com sua inerente impermanência.

Mas sob a perspectiva da Unidade, da Realidade Absoluta – eterna, não-dual e permanente – esta vida ilusoriamente dual não existe.

Afinal, tudo o que é impermanente não pode ter existência real.

E o que é efetivamente e verdadeiramente real é a consciência/amor/luz /paz /felicidade imanente e transcendente à Criação.

Buddha foi chamado de ateu porque jamais falou em Deus e em alma. Ele dizia que o homem é um agregado de ego e mente que constantemente geram carma, fomentando assim a reencarnação (*samsara*).

Levei muito tempo para finalmente ter o *insight* de que realmente a consciência não pode ser partida. Não temos uma "parte" do Todo. Deus não fica tirando pedaços de si para colocar em nós.

Claro, a consciência, a alma (*atma*, como chamam os hindus), é uma só para toda a Criação. Por essa razão, se fala modernamente que o Universo é holográfico (da mesma forma que já se sabe que o cérebro humano funciona holograficamente, não analogicamente), pois cada "parte" sua, contém a totalidade.

Mantra Sugerido: EU SOU

TODO O UNIVERSO É INTELIGENTE!

Cada pessoa, cada animal, cada planta, cada pedra, cada

célula, cada átomo, bem como cada galáxia, expressa a mesma Inteligência, a mesma única e eterna consciência.

A consciência não é um privilégio apenas de um cérebro humano, que é somente um dos muitos veículos onde essa consciência se expressa na Criação.

Esta é a chamada Onipresença e Onisciência de Deus.

Os índios têm, por exemplo, formas sofisticadas de entrar em contato e interagir com a consciência subjacente à natureza presente, entre outras coisas, nas pedras, nos animais e nas plantas.

Nem no âmbito da vida física, material, estamos separados. A física das conexões, ramo da física moderna, já sabe que estamos trocando átomos o tempo todo. Trocamos matéria com todo o meio, ininterruptamente, numa dança incessante da Criação.

A Criação é como uma grande teia, e assim como em uma teia de aranha, quando você mexe numa ponta dela, mexe também na outra, não tem como ser de outra forma.

A Mãe Terra (também chamada de *Gaya, Pachamama, Prakriti*) não é só uma bola de pedra com fogo no centro. É um ser vivo, consciente e inteligente.

Somos todos Um até nos níveis mais densos da matéria.

Mantra Sugerido: EU SOU A CONSCIÊNCIA E A INTELIGÊNCIA QUE SE EXPRESSA EM TODA A CRIAÇÃO.

PECADOR OU IGNORANTE?

Os hindus dizem que todas as doenças que existem – sejam físicas, emocionais, psíquicas, energéticas ou sociais – derivam, de uma forma ou de outra, de uma única doença constitucional e nuclear: a ignorância de nossa natureza real, a Unidade – e chamam a esta ignorância de *Avidya*.

Toda Criação é uma grande teia holográfica onde tudo é interagente e interdependente. Realmente não estamos irremediavelmente presos ao tempo e espaço e às três dimensões (não só as antigas tradições, mas a física quântica atual afirmam amplamente esta questão).

Com toda a certeza, Descartes e Newton se equivocaram, e este equívoco comprometeu e determinou profundamente a visão de mundo da cultura ocidental.

Considerando nossa natureza Una, saiba que não há nada fora de você que você precise obter que já não tenha. Nenhum Deus ou mestre precisa lhe dar o que você já tem. Está tudo dentro de você, todo o Universo. Você apenas precisa (re)lembrar e (re)experienciar sua natureza original, que está pulsando em cada partícula do Universo, em cada pessoa, em cada ser de cada reino da Criação. Todo amor, paz e felicidade já estão dentro de você, sempre.

Você decididamente não é um pecador. Não é uma pedra bruta que precisa ser lapidada. Não é alguma coisa que não é e tem que vir a ser. Você já é uma joia pronta, maravilhosa, só que recoberta pela poeira desta ignorância primordial – *Avidya*.

E essa "poeira" são nossos corpos energéticos (*samskaras*), nossos registros psicoemocionais com suas crenças e padrões limitadores, que nos amarram na roda do carma (*samsara*).

Mantra Sugerido: EU SOU ABSOLUTAMENTE PLENO AQUI E AGORA

SOBRE A SOMBRA

A física quântica é a ciência das infinitas possibilidades e a ciência que estuda as interconexões entre todo o Universo.

Segundo F. Capra, as interconexões têm até mais importância do que as "coisas" que se interconectam, porque essas coisas não existem como coisas intersseparadas, mas pensam, sentem, agem e vivem como se fossem entidades separadas.

As interconexões existem para provocar o exercício de expor a sombra (que é quem fomenta a crença da separatividade) e trabalhar na direção em que vai todo o movimento universal, que é a busca no estado original de Unidade.

Este movimento universal de homeostase, expansão e transcendência é chamado pelos hindus de *Sattwa Guna.*

Todas as coisas que passamos e experienciamos na vida, imprimem uma informação psicoemocional em nosso inconsciente.

As coisas positivas que vivemos, nossas vitórias, os reconhecimentos, o afeto e apoio que tivemos, aquilo que conquistamos, os obstáculos que superamos, tudo isso vai imprimir informações psicoemocionais "positivas" em nosso inconsciente.

Por outro lado, as perdas, as traições, as faltas, as violências, as injustiças, as carências e as derrotas, vão imprimir informações psicoemocionais "negativas".

Entenda-se por positivo e negativo aqui, não um julgamento moral, mas as polaridades energéticas universais. Até porque não acredito em nada que seja negativo, mau, errado ou ruim no Universo. Tudo é apenas aparências. Obstáculos a serem superados. Material de trabalho.

Então, o que chamamos de personalidade é o resultado destas duas instâncias que poderíamos chamar de a Luz e a Sombra em nós. A parte de nós que trabalha em nosso favor, e a parte de nós que trabalha "contra" nós. Onde nós nos ajudamos e nos atrapalhamos.

É como se tivéssemos um jogo de futebol acontecendo em nós permanentemente. O time da Sombra e o time da Luz. E ficamos tentando fazer com que o pessoal do time da Sombra passe para a Luz.

Isso traz diversos desdobramentos. Primeiro, a necessidade de re-significarmos nossa Sombra – nossos defeitos, falhas, erros, imperfeições, dificuldades, limitações, bloqueios, raivas, tristezas, medos, nossos "não mereço", "não consigo"...

Nossa Sombra não precisa mais ser vista como um mal, um castigo ou um estigma. Nossas dores e limitações não precisam ser mais vistas como algo inevitável e irreversível, nem como necessariamente culpa dos nossos pais, de Deus, do governo, dos patrões, do sistema, ou pior, de nós mesmos.

Ela é apenas o material de trabalho de que dispomos para nos aperfeiçoarmos nesta encarnação. O que chamamos de defeitos, falhas e erros, são, na verdade, nossos obstáculos, testes, exercícios, aprendizados, treinamentos, e que, diga-se de passagem, foi tudo pedido, pré-contratado, aceito e atraído por nós para nosso desenvolvimento e evolução, numa parceria perfeita, justa e inteligente com o Universo.

Nossa natureza real é a Unidade, o equilíbrio, a harmonia, a felicidade, a paz, o amor e a Luz. Já fomos construídos prontos, perfeitos, apenas sofremos de uma profunda ignorância desse fato.

Absolutamente não somos pecadores, nem culpados, nem vitimas de nada nem de ninguém.

Tudo em nós que não sejam as qualidades e virtudes citadas, não é realmente o que nós somos, é apenas como estamos no momento, temporariamente. Só existe realidade virtual dentro da realidade relativa que construímos. São nossas crenças, bloqueios, padrões, autoimagem, personas.

No hinduísmo, essas informações psicoemocionais se chamam *samskaras* (impressões, que geram *vasanas*, tendências) e no Fogo Sagrado, chamam-se "corpos energéticos".

Os hindus também consideram que todas as emoções ditas negativas, emanam de uma única emoção central, nuclear, que é o medo de morrer, e que, por sua vez, também tem origem em um medo ainda mais atávico, que é o medo da dissolução do ego no Todo, o medo de perder a falsa identidade individual.

Em segundo lugar, poderíamos dizer que a equação do crescimento pessoal é, inevitavelmente e invariavelmente: entrar na consciência aceitar (entender a função) e fazer um movimento para transmutar e integrar.

Trazer para a consciência, por meio da reflexão, meditação e/ou terapia, nossas crenças e padrões limitadores, bem como nossa Luz, talentos e potencial. Mas só trazer para a consciência não é suficiente, temos de aceitar. Olhar para nós mesmos com maturidade, neutralidade e compaixão, sem nos compararmos com nada nem com ninguém, entendendo a função do que nos acontece e aceitando que estamos aqui neste laboratório planetário, neste teatro cósmico, para transformarmos a Sombra em Luz.

Não temos a capacidade para julgar ninguém, nem a nós mesmos. Tentativa e erro é justamente o que temos que fazer para aprender e crescer. Trazer a Sombra para a consciência, sem a aceitação subsequente, pode gerar muita culpa e stress. E a porta para aceitação é a compreensão da função, do exercício evolutivo que determinada pessoa ou situação que atravessou nosso caminho, está nos chamando para trabalhar.

Finalmente, fazer um movimento para transmutar, re-significar, criar um novo padrão, expandir o que estava bloqueado, aprofundar. E o Fogo Sagrado vem como uma ferramenta altamente eficiente para promover as transmutações e re-significações necessárias, geralmente de uma forma rápida e profunda.

Esses são os degraus do autodesenvolvimento.

É muito importante que consideremos também, duas características psicoemocionais fundamentais e bastante estruturais em nós, neste processo ilusório ao qual estamos submetidos (por nós mesmos), e que funcionam como verdadeiras armadilhas no processo evolutivo.

Primeiro, a autoimagem (quem a pessoa acredita que é), segundo, a persona (quem ela quer e/ou precisa que os outros acreditem que é), que está a serviço da autoimagem para "equilibrá-la" e compensá-la.

Além disso, temos de lidar ainda com dois profundos estados de cisão, a cisão externa (a pessoa se sente separada das outras, da natureza e de Deus), e a cisão interna (a pessoa sente a separação entre seu corpo, mente e emoção).

É preciso muita auto-observação, muita neutralidade, muita humildade e respeito por nós mesmos, e muito trabalho interno, para podermos equacionar e integrar este atávico jogo de aparências.

Outra coisa extremamente importante, é que (re)signifiquemos o conceito e a função do chamado "mal".

A função do mal não é destruir o bem, como muitas religiões têm colocado de forma maniqueísta. Sua função é se transmutar em bem. O mal é o bem na polaridade desequilibrada, escura. A Sombra é a Luz no outro lado da moeda.

O mal é o desequilíbrio que tem que se equilibrar, a desarmonia que tem que se re-harmonizar. É o exercício, o obstáculo, os testes, as provas.

Nesse processo, temos que (re)significar também o papel do demônio, do satanás ou do diabo.

Imagine se o mais alto ser, da mais alta hierarquia angelical – Lúcifer (aquele que traz a Luz) – ia ser tomado por uma emoção tão humana e terrena como a inveja! E aí, caiu e virou um ser em guerra com Deus...

Lúcifer (que também trabalha na Egrégora do Ministério de Cristo), é o Ser de Luz que promove os obstáculos e exercícios necessários para o crescimento e a expansão de toda a Criação.

Na mitologia hindu, os demônios são sempre grandes devotos de Deus (em geral de *Shiva*), e sempre são liberados quando Deus (geralmente *Vishnu*) os mata.

Pense em um atleta olímpico. Vamos dizer que seja um saltador em altura. O que ele faz? Contrata um treinador que coloca a vara em determinada altura.

Esse atleta treina bastante durante meses, com disciplina, espartanamente, até que consegue saltar. Quando ele salta e está feliz e orgulhoso, seu treinador sorri e... Levanta um pouco mais a vara, e começa tudo de novo.

Por acaso o treinador significa o mal para o atleta? Será que ele está trabalhando contra ele? O saltador deve ficar com raiva do treinador?

Então, costumamos dizer de brincadeira, que quando Deus faz reunião de Ministério, quem está sentado à sua direita é Jesus, e à sua esquerda é Lúcifer, o "grande treinador".

Apesar disso, temos consciência de que existem as regiões infernais. Claro que ao desencarnar muita gente vai para esses locais, que nada mais são que projeções do nível vibratório e evolutivo interno da própria pessoa. O inferno e o céu estão dentro do homem.

Portanto, não desqualifique sua Sombra. Não diga "que droga, fiquei com raiva", "estou com um medo horrível", "que tristeza terrível". Não negue, nem menospreze, nem maldiga as emoções chamadas negativas.

Aceite a sua inveja (in)veja, veja dentro o potencial que

você pensa que só o outro tem), seus ciúmes, seus apegos, suas fraquezas. Olhe para elas com a visão da Águia – com neutralidade, equanimidade e compaixão.

Também não procure fugir da sua Sombra focando na Sombra do outro, porque ao fazê-lo você só estará vendo a sua própria Sombra na Sombra do outro.

Conscientize-se, observe, sinta, perceba o aprendizado que você atraiu por meio de suas emoções e sentimentos, transforme-se e libere-se. Senão eles ficarão se repetindo (e com intensidade progressivamente aumentada) até que você faça algum movimento interno de liberação.

Grande parte das informações psicoemocionais positivas e negativas que construíram nossa personalidade, foi enraizada na infância, justamente numa época da vida em que temos poucas condições de compreender de forma ampla e profunda o sentido e a função do que nos aconteceu, e as circunstâncias complexas em que os eventos ocorreram.

Nesse caso, o que fica mais contundente é o que se sente, dentro da perspectiva estreita do que se compreende. Até porque, muito antes de pensar nós já sentíamos.

Uma criança, que sofre com as violências do pai, não tem condição de avaliar que ele também tem suas questões, suas dores e doenças, que também teve pais, que tiveram pais... O que fica marcado criando o trauma é o fato em si e seu sentimento. A criança funciona dentro de uma equação simplista, mas geradora de toda uma série de sofrimentos emocionais: "se fizeram isto comigo é porque não gostam de mim. Se não gostam de mim, é porque não sou bom".

Assim, visceralmente, necessitamos – e buscamos isso desesperadamente – sermos aceitos, reconhecidos e amados. E para nos sentirmos assim, "fazemos qualquer negócio", tornamo-nos rigidamente perfeccionistas, ficamos neuroticamente "bonzinhos", só pensamos nos outros, esquecemo-nos de nós, e nos deixamos "prostituir", cedendo excessivamente nosso tempo, dinheiro, ouvido, paciência, sexo, em troca do que necessitamos.

E como o cérebro não reconhece a diferença entre o que aconteceu no passado e o que aconteceu na atualidade, as informações dolorosas são permanentemente atualizadas, e o conjunto delas, é o nosso trauma, crenças, padrões limitadores e bloqueios. Ficamos carregando conosco todas as crianças sofridas que fomos, como se ainda as fossemos.

Quase tudo é fruto de equívocos de perspectiva, que acabam desequilibrando as emoções e a psique do indivíduo.

Precisamos liberar nossas crianças sofridas, devolvendo-as felizes ao passado, e passando a encarar e a lidar amorosamente com a Sombra como nosso precioso material de trabalho evolutivo.

Esse é o primeiro passo para amar a si mesmo, que é o primeiro passo para amar ao próximo e ao Universo.

Mantra Sugerido: EU SOU LUZ

A RESSONÂNCIA OU O JOGO DOS ESPELHOS

Todos nós, logo que nascemos, ganhamos – simbolicamente – de presente um espelho, que em seguida, é colado em nosso peito.

E assim vivemos toda a nossa vida refletindo a imagem dos outros, e vendo em outros o nosso próprio reflexo.

Hermann Hesse disse: "Se você odeia uma pessoa, odeia algo nela que faz parte de você. O que não faz parte de nós não nos incomoda".

Tudo o que está dentro é como o que está fora, e vice-versa.

E esse jogo de espelhos – associado ao fato de que ele acontece sempre dentro de um contexto inteligentemente magnético, isto é, cada espelho pertencente à grande teia universal está constantemente repelindo e atraindo, segundo a Lei da Ressonância.

Lembre-se: apenas uma camada de 2 mm de pele separa – simbolicamente – um universo infinito dentro, de um universo infinito fora de nós.

Mas como não nos reconhecemos dentro (porque nos sentimos

cindidos e não queremos acessar nossa Sombra para não sofrermos mais), acabamos nos buscando fora, e essa é uma das mais fortes pulsões humanas: ver-se e buscar-se no outro, no externo.

Dessa forma, construímos religiões e mitologias, sistemas políticos, relacionamo-nos, temos vida profissional, afetiva, casamos, temos filhos... Sempre numa eterna busca de nós mesmos, de preenchermos ansiosamente uma incompletude imaginária.

A questão do amor inter-relacional também precisa ser compreendida por meio desta perspectiva.

Por exemplo, quando nos apaixonamos, temos a impressão de que o amor veio com a outra pessoa. E se a pessoa nos abandona ou nos trai, sentimo-nos vazios e perdidos como se o amor tivesse nos abandonado.

Na verdade, o amor está sempre dentro de nós, o amor é sempre nosso, impossível de ser roubado ou perdido.

Mas necessitamos do outro para que este amor – que é nosso – possa ser expresso. Então (co)atraímos carmicamente alguém para "ancorar" o amor, que em última instância, é o amor por nós mesmos que precisa ser constantemente experienciado e expandido, até que se realize como Amor Universal (que os hindus chamam de *Prema*).

Em terapia, é muito importante que o terapeuta tenha a consciência de que cada cliente que chega para ser tratado por ele, é uma parte dele mesmo que ele atraiu, para que pudesse ser também curada nele.

Da mesma forma, em nossa vida, devemos entender o que nos chega como dicas para o nosso crescimento. Por exemplo, se sofremos porque nossos pais não nos reconheceram, podemos ver que talvez esse não-reconhecimento seja um reflexo, uma indicação do nosso próprio não-reconhecimento.

Assim atraímos pais que não nos reconhecem, para que possamos acessar internamente nosso autorreconhecimento. Mas como temos o binômio culpa/vítima inserida em nossa forma de ver à nós mesmos e ao mundo, demoramos a entender esse processo, que acaba se repetindo até que o entendamos e transformemos.

Talvez um dos sistemas de cura onde a ressonância é mais

considerada e trabalhada é a técnica ancestral do xamanismo havaiano chamado de *Hoponopono*.

Um médico psiquiatra havaiano chamado Dr. Len (que aprendeu a técnica de sua mestra Kahuna), apresentou-se para trabalhar em um sanatório no Havaí, no setor mais complicado, que era onde estavam os doentes criminosos de altíssima periculosidade. Ninguém mais queria trabalhar lá.

Perguntado como iria proceder, ele disse que necessitava apenas de uma sala e dos prontuários dos pacientes, e que não iria ser necessário estar pessoalmente com eles.

O resultado ao longo do tempo, foi que acabaram tendo que fechar aquele setor do sanatório pela falta de doentes, pois todos eles haviam se curado!

Mais tarde, perguntado como havia procedido, qual era a "mágica", o Dr. Len contou que ele apenas olhava o prontuário, via a foto e o nome do paciente, lia seu caso, e procurava, pela ressonância, curar as doenças em si mesmo.

Perguntado novamente qual era o segredo dessas curas fantásticas (provavelmente deveria ser uma tecnologia extremamente complexa), ele respondeu que apenas dizia internamente: "Sinto muito" (a aceitação e o perdão), "Eu te amo" (o reequilíbrio e a cura) e "Eu te agradeço" (a compreensão da função).

Pessoalmente, tenho experiência própria e conhecimento de inúmeras curas de relacionamentos por meio desta técnica tão simples e tão eficaz, que utiliza intensamente o princípio universal da Ressonância.

Mantra Sugerido: EU SOU UM COM TODO O UNIVERSO

ACEITAÇÃO

Desenvolva a aceitação.

Sempre que entramos em contato com alguma dificuldade ou fraqueza nossa por meio de alguém ou de alguma circunstância (que nós atraímos), normalmente o primeiro impulso do complexo mente/racional/ego é: ou nos defendemos, negando e resistindo a entrar em contato (muitas vezes entrando na irritação e na revolta, geralmente imputando a culpa a alguém ou a alguma coisa), ou entramos na condição de vítimas culpadas, mergulhando na baixa autoestima e no baixo-valor.

Aceite sua Sombra. Aceite a Sombra do outro. Não compare, apenas veja onde a Sombra do outro faz ressonância com a sua própria Sombra, perceba a função e tenha compaixão, sem julgar.

Não veja mais sua Sombra como maldição, castigo de Deus ou culpa dos seus pais ou sua, veja sua Sombra como os obstáculos e exercícios necessários para seu crescimento, e que todos foram pré-contratados voluntariamente por você (mesmo que você não se lembre disso).

Aceite também os movimentos do Universo (a chamada "vontade de Deus"). Nem sempre as coisas são como desejamos ou pensamos que necessitamos, mas tudo sempre tem sua lógica maior, sua inteligência e funcionamento perfeitos. Tudo sempre acontece para cumprir uma função positiva no crescimento e na expansão.

Aceitar não é sentar e esperar que o Universo faça tudo. Ao contrário do conformismo, passividade ou complacência, a aceitação é uma atitude ativa e ampla, de compreensão e entendimento da mecânica (ou da "fisiologia") da existência.

Veja o Universo como um sócio majoritário em sua "empresa da vida", e que além disso é mais qualificado do que você. Então, não tente fazer ou querer controlar o trabalho do seu sócio.

A depressão acontece quando você desiste de fazer a sua parte e espera que seu sócio a faça por você. A ansiedade é quando você quer fazer a parte do seu sócio. A raiva é quando o sócio não fez o que você queria.

Mesmo o que às vezes parece tragédia ou desgraça, se visto numa perspectiva mais panorâmica e neutra (a perspectiva da função) percebe-se que tudo sempre está inserido em uma dinâmica evolutiva – coerente, consciente e inteligente – de causa e efeito, de ressonância e sincronicidade.

O *Tao Te King* e o *Bhagavad Gita* falam muito sobre a ciência da inação na ação e da ação na inação. E o taoísmo expressa ainda o conceito maravilhoso do *wu-wei*: não resistir ao que é, viver consciente e relaxadamente no fluxo da vida.

Desenvolva, treine a visão da águia (meditação é ótimo para isso), para poder ter uma perspectiva bem ampla e neutra da vida, e consciente dos seus movimentos e funções, podendo assim, intensificar seu poder de aceitação.

Mantra Sugerido: EU ACEITO E CONFIO TOTALMENTE NA PERFEIÇÃO DO UNIVERSO

ESCOLHAS E OPÇÕES

Cem por cento do que somos e vivemos (inclusive o que supomos ser acidentes e tragédias) é completamente fruto de nossas escolhas e opções. Conscientes ou inconscientes. Desta ou de outras vidas. Feitas neste ou em outros planos.

Lembre-se de que sofremos de dois grandes esquecimentos: quando nascemos esquecemos o que fizemos nas vidas passadas e nos períodos entre as encarnações, e quando acordamos esquecemos o que fizemos enquanto dormíamos (só quem dorme é o corpo, pois o espírito continua acordado, aprendendo e trabalhando).

Tudo o que nos acontece na forma de pessoas, coisas ou acontecimentos, é atraído por nós mesmos (ou "pré-contratados" por nós) porque nosso Eu Superior – nós mesmos em nossa dimensão mais sutil e iluminada – sabe exatamente o que nós na dimensão humana precisamos exercitar e aprender para integrar nossas dimensões divina e humana (o que C.G. Jung chamou de individuação).

Não é preciso nenhum Deus em algum paraíso distante para ficar nos punindo e nos recompensando. Nós mesmos construímos nosso destino em parceria com o Universo.

O grande nó da questão, é que a maior parte da nossa vida psicoemocional acontece no âmbito do inconsciente. A maior parte do que somos se processa sem que saibamos. Então, temos de ser muito humildes em relação a esse fato. Efetivamente não controlamos quase nada.

Muitos xamãs, por exemplo, treinam ficar conscientes no sonho. Isso amplia bastante a "quantidade" de vida consciente. Portanto, temos de ir desenvolvendo e resgatando nossa capacidade de lidar conscientemente nas mais diversas dimensões da existência, seja pela meditação, "visão da águia", canalização, mediunização ou intuição, para que possamos fazer cada vez mais, escolhas equilibradas e corretas.

Manrta Sugerido: EU ME DESAPEGO DE TUDO AQUILO QUE NÃO POSSO CONTROLAR

AS COMPARAÇÕES

Evite as comparações. "O jardim do vizinho é sempre mais bonito"? Que engano! Que grande armadilha!

Mal sabemos que o vizinho, ao olhar para nós, também pensa a mesma coisa sobre algum aspecto nosso.

Mantra Sugerido: EU E O OUTRO SOMOS UM

INTENÇÃO, ATENÇÃO E IMAGINAÇÃO

A intenção é sempre a semente inicial de qualquer processo de construção ou de transformação, é a pedra fundamental, a bússola que norteia o caminho rumo ao nosso objetivo. É a semente da realidade.

Ela pontua ao cérebro a nova informação, para que este se reestruture neuro/hormonalmente para dar suporte ao novo padrão, hábito, ou o que quer que seja que se esteja querendo (re)implantar e/ou desenvolver em si.

O poder da intenção sintetiza todo o potencial necessário para atrair e viabilizar a consecução do que se está focando.

A intenção correta concentra e libera todo o potencial dos três *chakras* básicos como força de construção, vontade, desejo, determinação, objetividade, coragem, impulso, enfim, as ferramentas necessárias para transformá-la em ação.

Nos Estados Unidos já existe um Instituto de Pesquisas da Intenção.

Quando a intenção se converge e se integra com a atenção (a concentração, o foco, o discernimento, a visão ampla e profunda – a perspectiva neutra da águia, qualidades e energias relacionadas aos *chakras* superiores), toda a realidade relativa pode ser transformada, reconstruída e transcendida.

O poder da convergência da intenção com a atenção, do sentir com o pensar, da visão com a vontade, tem sido compreendido, treinado e utilizado ao longo de toda a história da humanidade.

Uma coisa importante que os antigos descobriram (e atualmente conta com amplo respaldo da medicina e da psicologia) foi que tudo em nossa mente e em nosso cérebro funciona na base do padrão de repetição, do *looping*.

Segundo a psicologia hindu, a mente é bem simplista e trabalha enquadrando a realidade dentro de dois critérios bem práticos: tudo o que me chega por meio dos meus cinco sentidos e da minha mente racional, ganha um nome (os hindus chamam de *Nama*) e uma forma (*Rupa*).

Se o que vem à mente ou aos olhos é uma imagem, logo em seguida a mente associa ao nome. E vice-versa, se o que vem é um som, um nome, logo se associa a uma imagem, uma forma.

Isso acontece no corpo mental. Em relação ao corpo emocional, paralelamente a esta rotulação automática do nome/forma, esse afere se o que vem com nome/forma é agradável (*Raga*, na Índia) ou desagradável (*Dwesha*), se é prazeroso ou doloroso, desejável ou indesejável.

É assim que nosso complexo cinco sentidos/mente racional/ego enquadra a realidade absoluta em uma realidade aparentemente fragmentada e que vem servir às nossas conveniências e exercícios evolutivos, cármicos, psicoemocionais, culturais etc.

Essas impressões que entram em nós enquadradas como nome/forma – prazer/dor –, interagem com tantas outras em nosso inconsciente formando nossa personalidade e caráter, com sua Luz e sua Sombra.

Os hindus chamam essas impressões psicoemocionais de *samskaras* (que por sua vez geram as *vasanas*, que nada mais são que as tendências, hábitos, crenças e padrões).

No Fogo Sagrado as chamamos de corpos energéticos.

O que o mundo oriental propõe, por exemplo, é que tudo o que está funcionando no automático, seja trazido à consciência, observado, aceito, compreendido e transformado.

E para ocorrer essa transformação é necessário a repetição consciente, por algum tempo, do novo padrão que se quer imprimir, até que este se enraíze definitivamente no inconsciente, vibrando outra qualidade de energia e criando o que se chama de "segunda natureza", que na verdade é a outra polaridade do velho e limitador padrão.

Tudo o que opera na consciência acontece no cérebro cortical. Lembra quando você começou aprender a dirigir? Tinha que pensar em tudo, conscientizar-se de tudo, das marchas, dos pedais etc. E um belo dia você estava dirigindo, batendo papo e mal prestando atenção aos automatismos de dirigir. Tudo tinha ido para o cérebro interno, como condicionamento. Como se tivesse sido guardado em alguma gaveta nos arquivos do cérebro.

Quando nos condicionamos desequilibradamente em algum setor e queremos reformatar isso, temos de trazer novamente o padrão para a consciência (tirar da gaveta do cérebro interno e levar para o córtex), avaliá-lo e repetir um novo padrão, conscientemente, até ele se instale em uma nova gaveta do cérebro interno como um novo mecanismo (re)condicionado.

Todo o yoga se estrutura dentro desta premissa de reimprimir um padrão de repetição cada vez mais consciente, amplo e profundo, repetindo conscientemente o que se quer reimplantar.

Isso serve para pensamentos (repetir mantras, por exemplo, em vez dos velhos e repetidos pensamentos), e para o corpo (no *hatha yoga* o aprendizado das *asanas* e dos *pranayamas* segue essa mesma ideia de se observar como era o velho padrão e repetir um novo formato, mais harmônico e equilibrado até que este se reinstale).

É de conhecimento de todos que crenças e padrões, ou seja, toda a nossa personalidade, nosso sistema de crenças, são sustentados no nível físico por complexos sistemas de redes neurais e hormônios.

Essas redes mantêm as crenças e padrões vivos, reciclados e atualizados, já que o próprio cérebro não reconhece a diferença entre passado e presente.

O Fogo Sagrado trabalha justamente transmutando e equilibrando a qualidade energética e vibratória dos corpos energéticos, mas é preciso que o cliente depois trabalhe com o mantra para que os novos conteúdos – o Corpo em Luz – se (re)enraízem no inconsciente, evitando a reconstrução dos velhos padrões, uma vez que, ao serem captados os corpos energéticos, ainda resta no inconsciente um residual de memória dos velhos conteúdos, sustentada por sua antiga rede neural.

O uso do mantra ajuda a desconstruir a memória do velho padrão, e as novas redes neurais dão suporte ao *upgrade* que ocorre com a (re)incorporação do Corpo em Luz.

Outra ferramenta importante é a imaginação (imagem em ação). Quando concentramos intenção e atenção e imaginamos, criamos nossa realidade e atraímos tudo o que precisamos e desejamos pela ressonância – tudo dentro, é claro, de uma inteligência e Justiça Maior (*carma*).

A imaginação é quem plasma e constrói no sutil o que a atenção/intenção desejou e focou. O cérebro, além de não reconhecer a diferença entre passado e presente, também não reconhece a diferença entre interno e externo. Por exemplo, se eu nos recordarmos de um momento bem ruim (ou de um muito bom), logo em seguida o corpo já responde com seus hormônios, como se o fato estivesse acontecendo no externo nesse exato momento.

W. Reich dizia que em menos de meio minuto sentindo/pensando alguma coisa, o corpo já responde.

Mais recentemente, pesquisas científicas constataram que se você se concentra em alguma parte específica do corpo, rapidamente aumenta a quantidade de sangue e oxigênio (e, obviamente, de energia) no local.

Mantra Sugerido: EU SOU O INFINITO PODER CRIATIVO E TRANSFORMADOR DO UNIVERSO

GANHA/PERDE OU GANHA/GANHA? A ECONOMIA DA ALMA

Infelizmente, ainda vivemos sob a ideologia do "ganha-perde", ou seja, temos ainda muito incutido em nossa cultura a ideia de que para se ganhar, alguém precisa perder. É assim que se construiu, por exemplo, o sistema capitalista com sua conhecida pirâmide social, onde poucos ganham (dinheiro e poder) em detrimento de milhões.

E é seguindo essa filosofia que se está destruindo todo o planeta. É nesse ganha-perde que estão impregnadas todas as nossas relações (lembra da Lei de Gérson? – a cultura do se dar bem). Não só no sentido profissional e financeiro, mas também no psicoemocional e no afetivo.

É urgente reimplantar-se o "ganha-ganha" nas relações interpessoais e nas relações do homem com a natureza. É necessário que isso aconteça internamente também. É preciso que nos apercebamos dos chamados "ganhos secundários".

Por que estamos mantendo uma doença ou um padrão doloroso? O que será que nossa mente pensa que estamos ganhando mantendo um bloqueio ou uma limitação?

É o que ocorreu, com a senhora do caso clínico que narramos, que mantinha suas dores para que os filhos a visitassem.

Não existe nenhuma possibilidade de ganho real para nada nem para ninguém, em nenhum setor da vida, se esse ganho for obtido em detrimento da perda, prejuízo ou sofrimento de alguém ou de alguma coisa.

É absolutamente necessário que se faça definitivamente no planeta um *upgrade* do 3º para o 4º *chakra* na humanidade, que é o que a *Gaya* vem tentando por meio dos avatares ao longo de toda a história.

A guerra é um exemplo típico de desequilíbrio coletivo do 3º *chakra:* eu quero a terra do outro (ou o petróleo, ou o que quer que seja que não é meu) e sem me importar com o outro. É o mais tácito exemplo de ganha-perde que o mundo presencia.

E esse mecanismo se reflete em todas as nossas relações. Quantas vezes não queremos (ou o outro quer de nós) o tempo, o ouvido, o dinheiro, o sexo, a paciência, sem nos importarmos com o outro?

Cada pessoa "contamina" magneticamente seu meio. Positiva ou negativamente. Por essa razão, os Cristos e os *Buddhas* influenciam tanto o coletivo. Mahatma Gandhi dizia "uma só pessoa que realiza a plenitude do amor, neutraliza o ódio de milhões".

Estamos todos interligados numa espécie de vasos-comunicantes cósmicos. Estamos trocando e nos interinfluenciando o tempo todo, num grande movimento universal rumo ao equilíbrio.

Por tudo isso, no Fogo Sagrado – nas Rodas de Cura – as pessoas que estão sentadas em volta são tão beneficiadas quanto a que está deitada no centro. A Lei da Ressonância faz com que cada um que se identificou com o conteúdo do corpo energético da pessoa que está no centro, tenha também os seus corpos energéticos encaminhados e transmutados simultânea e magneticamente.

Repare que nada no Universo é de graça, tudo é na mão dupla, na troca. Só assim é possível o equilíbrio. E no reino humano também.

Se, damos muito mais do que recebemos (ou vice-versa), em algum lugar dentro de nós nos descompensamos, e isso acaba saindo desequilibradamente em alguma hora, de alguma forma.

O equilíbrio só acontece quando as duas polaridades estão fluindo em harmonia. E isso vale para tudo na vida.

Mantra Sugerido: EU SOU A PRÓPRIA ABUNDÂNCIA E PROSPERIDADE QUE DESEJO E MEREÇO

A SINCRONICIDADE

Atente para a sincronicidade.

Um mestre hindu falou: "Nenhuma folha de grama se mexe sem uma razão".

Nada é casual, mas tudo é intrinsecamente causal. Enchemos a boca para falar das coincidências como se fossem acasos, mas esquecemos que coincidências são (co) incidências...

Outro mestre também disse: "nós falamos com Deus por meio da oração, e Ele nos responde pela sincronicidade".

C.G. Jung percebeu que essa qualidade da Criação fazia com que as artes divinatórias (*I ching*, *tarot*, *runas*, búzios) funcionassem com tanta coerência e precisão, que formulou sua conhecida teoria a respeito disso.

Todo o Universo é Um, portanto tudo é inter-relacionado. E a sincronicidade é quem expressa esse inter-relacionamento inteligente.

Atente para os sinais! O tempo todo o Universo está interagindo com você!

Mantra Sugerido: EU SOU O ETERNO EQUILÍBRIO E HARMONIA UNIVERSAL

AS POLARIDADES

Tudo no Universo, na sua expressão relativa e dual, tem duas polaridades: *yin e yang*, masculino e feminino, positivo e negativo etc.

As emoções e os sentimentos também têm duas polaridades: o outro lado da tristeza é a alegria, do medo é a coragem e a prudência, da raiva é a energia de construção e a realização, do ódio é o amor e o perdão, da ansiedade e da angústia é a calma e a fé no Universo, da baixa autoestima é a confiança em si mesmo e no seu autovalor, enfim, nosso grande trabalho de transmutação é estar constantemente reequilibrando essas polaridades.

Os hindus diriam que devemos estar sempre transmutando as *Gunas* (qualidades da natureza), *Tamas* (inércia, escuridão, tristeza, medo, estagnação) e *Rajas* (movimento, fogo, paixão, impulso, raiva) em *Sattwa* (equilíbrio, harmonia), isto é, trazendo sempre os pensamentos, sentimentos, palavras e atos densos, limitadores e negativos, para as frequências mais sutis, equilibradas e iluminadas.

Mantra Sugerido: EU SOU A UNIDADE NA DUALIDADE

LUTA E FUGA X FIRMEZA RELAXADA

Quando a vida nos apresenta algum evento desconfortável, obstáculo ou confronto, normalmente o que é acionado em nosso corpo/mente é o "automático" lutar ou fugir (ou "resposta de luta e fuga").

A adrenalina está sempre pronta para desencadear a ação, estimulando o sistema nervoso simpático.

Mas a verdade é que na maior parte das vezes não seria necessário lutar nem fugir, bastaria relaxar e observar, e a partir daí agir com consciência e serenidade. Ou então deixar os acontecimentos se desenrolarem naturalmente, deixando o Universo agir, fazer a sua parte.

Ao lutar ou fugir – o que, é claro, algumas vezes é necessário – nós nos contraímos, e a psicologia corporal sabe que contrair e não respirar são as formas mais eficientes de não sentir, de não se entrar em contato com as emoções e com os sentimentos.

Nosso complexo mente/ego está sempre alerta para nos proteger, mas o preço dessa proteção geralmente é nossa limitação.

A manutenção constante desse estado adrenalinado de luta e fuga é o chamado stress, que tem sua primeira fase no stress em si. A segunda fase é a do alarme, onde podem ocorrer alta de pressão arterial, enxaqueca, gastrite, insônia, impotência e depressão. A terceira fase é a de falência, quando a pessoa pode, por exemplo, ter um enfarto, um AVC ou um câncer.

A resposta de luta e fuga é uma situação fisiológica normal que deve ocorrer em momentos específicos da vida quando se tem que, como diz o nome, lutar ou fugir, como por exemplo em uma final de campeonato, ou quando se vai conquistar alguém. Aí o coração bate forte, a pessoa sua frio, treme.

O problema é que ao acabar o jogo de futebol ou o jogo da sedução, tudo deveria voltar ao seu lugar. Mas como vivemos tempos altamente "simpaticotônicos", onde a ansiedade, a irritação e o medo são sentimentos presentes e constantes na atmosfera urbana moderna, a "pilha" acaba não baixando e fica-se vivendo no stress, na adrenalina constante.

No *yoga* diz-se que devemos "alongar sem contrair" porque o alongamento deve acontecer não pelo forçar, mas por se ceder onde há resistência. Ceder. Relaxar. Para vencer a rigidez. Para esticar e liberar o que está bloqueado. E ser como as árvores, firmes mas não rígidas.

Ser simultaneamente firme e flexível, profundo e leve, ativo e relaxado, esse é o desafio.

E já que falamos em *yoga* (e também que não respirar é uma forma inconsciente de se proteger da dor), vou citar duas coisas interessantes sobre respiração.

Primeiro, no *yoga* é amplamente conhecida a relação entre a frequência respiratória e a frequência (velocidade) mental. Ao excitar um, excita-se o outro, obrigatoriamente. Repare como a respiração dos estressados é rápida, curta e alta (no peito). E como na meditação rapidamente a respiração se acalma, às vezes dando a impressão de que vai parar.

Segundo, de acordo com W. Reich, a amplitude da respiração está completamente relacionada com a amplitude das nossas emoções, ou seja, com a forma ampla ou contraída com que nos relacionamos com elas. Ampliou uma, amplia a outra.

Então, vamos procurar equilibrar os sistemas simpático e parassimpático, equilibrar adrenalinas e endorfinas, ação e relaxamento, firmeza e flexibilidade, leveza e profundidade.

E o *yoga* e *Tai Chi Chuan*, por exemplo, são excelentes técnicas usadas para esse fim.

Mantra Sugerido: EU SOU FIRME E RELAXADO COMO UMA ÁRVORE

PAIS

(Re)signifique no seu coração os sentimentos desequilibrados e equivocados em relação aos seus pais.

Nós temos o hábito de imputar aos nossos pais as culpas por coisas que eles nos falaram (ou que não falaram) e pelo que nos fizeram (ou que não fizeram), coisas que nos fizeram sofrer, trouxeram problemas para nossa autoestima e autovalor, e que acabaram por nos fazer nutrir raivas, medos e/ou tristezas, que nos impedem de deixar fluir uma relação leve – com eles, com os outros e com nós mesmos.

E nós ainda estamos mais ou menos presos no(a) garotinho(a) ferido(a), e vivemos muitos conflitos com nossos pais por conta disso, querendo cobrá-los ou mesmo puni-los.

Se considerarmos que nós pré co-contratamos e co-atraímos tudo o que nos acontece, foi também assim que aconteceu entre nós e os nossos pais (aliás, Allan Kardec falou bastante sobre isso).

Todos nos escolhemos mutuamente porque esse encontro propiciava exatamente os exercícios que cada um precisava viver para crescer e se expandir.

E aí então podemos passar a ter outra perspectiva a respeito dos erros e das falhas dos nossos pais (que também tiveram pais que erraram e falharam, e assim por diante).

A verdade é que todos nós sempre fazemos o nosso melhor (se pudéssemos ter feito melhor, não teríamos feito?), sempre fazemos o que é o possível.

Assim também aconteceu com os nossos pais. Além do mais, eles também têm as questões com os pais deles, também têm suas dores e limitações.

Então, veja que tudo o que até hoje o transformou em vítima dos erros e defeitos dos seus pais, na verdade foi um precioso material de trabalho que seus pais amorosamente disponibilizaram para você.

Além do amor, dos cuidados e do sustento material, também vieram os obstáculos, as dificuldades, os desafios, os problemas, os conflitos, exatamente os exercícios que você pediu e precisava.

A partir desta perspectiva, agora só a gratidão é que precisa permanecer no seu coração em relação aos seus pais. Gratidão pelos exercícios que seu Eu Superior atraiu para você por meio deles.

Olhe para trás e veja quanta superação, quanto aprendizado, quanta experiência adquiridos com todo esse espelho de Luz e Sombra que nossos pais nos proporcionaram.

Quando não procedemos dessa forma, mantemos nossos pais na nossa frente – energeticamente falando – e transferimos todos os nossos problemas para as pessoas das nossas relações. Ou seja, nosso marido "vira" nosso pai, nossa esposa "vira" nossa mãe, e por aí afora.

Temos de re-colocar nossos pais no lugar energético deles, que é atrás de nós, com toda a linhagem masculina e feminina de nossa família atrás deles.

Devolva para eles tudo o que eles lhe falaram, pois isso pertence à eles, bem como as atitudes deles.

Dessa forma todos estaremos dando o suporte ancestral e energético necessário ao desenvolvimento saudável das gerações.

Aproveite também para re-significar sua concepção de "dívida" em relação aos seus pais.

Nossas "dívidas" são sempre para com o Universo – a aliás, nem são exatamente dívidas (por isso coloquei entre aspas).

Como tudo no Universo tem mão dupla, na causa e efeito, nós temos apenas que devolver ao Universo o que recebemos, para assim, manter a dinâmica no fluxo da espiral evolutiva.

Quando nós amamos e fazemos as coisas necessárias pelos nossos filhos, estamos (re)compensando ao Universo as coisas que recebemos de nossos pais. Nossos filhos não nos devem nada.

Eles, por sua vez, vão retribuir ao Universo o que receberam de nós, cuidando de seus filhos, não são necessariamente ingratos se não procederem em função das nossas benesses, da forma que gostaríamos e esperamos. Eles não são nossos credores. O que fizemos por eles, fizemos para saldar com o Universo o que recebemos de nossos pais.

Se não temos essa consciência e não procedemos dessa forma, acabamos muitas vezes repetindo padrões paternos, ou para tentar curar os pais, ou para tentar compreendê-los.

Tanto é assim, que é alto o índice de suicidas filhos de suicidas, alcoólatras ou filhos de alcoólatras.

As Constelações Familiares, de Bert Hellinger, trabalham muito dentro dessa ideia.

Os índios também dão muita importância para perceber

os padrões negativos da ancestralidade que porventura ainda estejam no presente, para curá-los, de forma que não passem para as gerações seguintes.

Por outro lado, temos ainda outro compromisso com o Universo, cuidar de nossos pais na velhice, como eles cuidaram de nós na infância.

Ainda assim, ninguém deve nada a ninguém. O Banco é sempre o Universo – a Inteligência Absoluta e o Amor Incondicional.

Mantra Sugerido: AGRADEÇO E LIBERO DEFINITIVAMENTE OS MEUS PAIS

A PRIMEIRA E A TERCEIRA IDADES

Dentre as muitas coisas das culturas orientais e xamânicas que me marcaram profundamente, está a forma como hindus e índios lidam com a educação das crianças e com a velhice.

Atualmente sou muito grato ao Universo por ter tecido o meu encontro com essas duas tradições. Isso mudou radicalmente o meu padrão de relação com meus filhos e meus pais, e norteou-me sobre a possibilidade de um envelhecimento muito mais pleno e saudável.

Não é interessante que em muitas culturas orientais, o melhor cômodo da casa seja destinado às pessoas mais velhas?

Nas culturas indígenas, os anciões são quem lideram, decidem, orientam e ensinam. Todo respeito (e ouvidos) lhes é devido.

Na cultura nativa norte-americana a maturidade está relacionada com o ponto cardeal Norte, o lugar dos ancestrais e dos mestres. Em muitas etnias indígenas, só pode ser portador do Cachimbo Sagrado quem já é avô.

O Norte é o ponto da Roda de Cura, onde já se tem o que ensinar, se tem experiência e *know-how* para passar adiante. Isso é extremamente importante, tanto para a preservação da cultura e do conhecimento, quanto para a preservação física da própria etnia.

Creio que uma pessoa idosa deveria ter três coisas para compartilhar com a gerações mais jovens: a experiência da vida, os conhecimentos e a sabedoria.

Experiência da vida, ou vivência, é todo tipo de conhecimento fruto do tempo cronológico vivido. Basta ser idoso para ter experiência da vida. Esse tipo de conhecimento nivela, por exemplo, o catedrático de física e o peão da roça.

Conhecimentos, acúmulo de informações, cultura, técnicas, talentos, todos os idosos também os têm, cada um na sua área de atuação e interesses.

A sabedoria é um tipo de conhecimento oriundo de uma vida inteira dedicada – conjuntamente com a vida rotineira – ao exercício da tarefa mais importante do ser humano: sua jornada rumo à Unidade.

Os conhecimentos, tão comuns aos universos oriental e xamânico, não tiveram eco em nossa cultura (fora da esfera da religião institucionalizada), e parece que tudo o que nossos idosos podem nos dar são testemunhos da sua vivência e informações, o que obviamente, já é maravilhoso.

A sabedoria foi relegada pela nossa cultura ocidental, que só privilegiou a mente racional, e não fez da Iluminação a meta principal da existência.

Atualmente, em nosso mundo *hi-tech* globalizado, descartável e competitivo, a vivência e os conhecimentos práticos dos idosos, já não são preponderantes para a preservação física da nossa espécie.

E como lhes falta também essa sabedoria ancestral, característica de culturas que se dedicaram durante milênios às questões mais primordiais da existência: "quem somos, de onde viemos e para onde vamos", vemos nossa cultura tratar o idoso muito mal.

Repare como os índios, hindus, japoneses e chineses cultuam e reverenciam os antepassados. A gratidão, o respeito e o reconhecimento são grandes.

Sobre crianças, gostaria de compartilhar uma interessantíssima conversa que tive com uma mãe indiana, numa situação onde havia crianças brincando perto e a conversa acabou caindo em educação.

Percebi que a indiana, muito tímida, não estava expressando exatamente a sua opinião. Acabei insistindo, e ela, bastante envergonhada, me disse: "vocês criam as crianças enfatizando os seus defeitos".

Uma lâmpada se acendeu e eu perguntei como ela agia, e ela me deu um exemplo prático mostrando as crianças que brincavam:

– Por exemplo, se uma criança exibe um sintoma de dificuldade em compartilhar, arranca os brinquedos dos outros, bate, não empresta o dele, o que vocês fazem normalmente? Gritam (com raiva), dizendo que a criança é egoísta, pão dura, enfatizando e registrando mais ainda a característica em questão. Isso quando não as colocam de castigo ou batem...

Eu a ouvi e perguntei como ela agia, e ela me respondeu que procuraria habilmente criar uma brincadeira ou uma situação qualquer onde tivesse de compartilhar e mostrasse que era bom dividir suas coisas, que era prazeroso.

Dessa forma, o que seriam tendências aos defeitos ainda em formação, poderiam ser transmutadas em qualidades opostas.

Um desdobramento interessante dessa situação aconteceu quando uma amiga, para quem eu havia contado esse episódio, foi passar um período em uma tribo no interior do Brasil e presenciou uma cena absolutamente similar ao exemplo citado.

Em termos de Fogo Sagrado poderíamos dizer que afirmar as virtudes e o lado positivo dos desequilíbrios das crianças no momento em que elas os exibem, é como trazer um Corpo em Luz e um mantra.

Mantra Sugerido: EU AMO, AGRADEÇO E LIBERO MINHA CRIANÇA INTERIOR

PASSADO, PRESENTE E FUTURO

Gastamos muito tempo e energia mental angustiados e

culpados por um passado que já aconteceu e que não podemos mais mudar, e ansiosos e temerosos por um futuro que ainda nem chegou (e que pode nem chegar).

Outra grande parte ainda, gastamos sonhando acordados, delirando nos nossos sonhos e desejos.

Dessa forma, duas coisas ocorrem: sobra pouco tempo para a consciência plena do aqui e agora, do presente, que é onde efetivamente a vida acontece; e quando precisamos da mente para as coisas realmente importantes – a nossa concreta vida humana diária –, ela tem dificuldade em se concentrar, em estar presente, inteira, poderosa, centrada, como uma águia, que lá do alto enxerga um rato na ravina e de forma totalmente focada e concentrada desce, apanha a presa e volta para o céu.

Devemos entender que a eternidade não é algum lugar distante em algum tempo/espaço infinito e inatingível. Ela é o tempo/espaço quântico do aqui e agora.

O iluminado é aquele que estabelece sua consciência no eterno e infinito presente.

E a meditação é uma forma altamente eficiente de se desenvolver a consciência do aqui e agora.

O alemão Eckhart Tolle tem sido atualmente a pessoa que mais brilhantemente tem levantado, desdobrado e ensinado este importantíssimo tema do viver no agora.

Mantra Sugerido: EU SOU A CONSCIÊNCIA E A FELICIDADE TRANSCENDENTES

OBSERVAÇÃO, NEUTRALIDADE E NÃO-JULGAMENTO

Desenvolva a observação e a neutralidade.

Antes da mente que pensa e do corpo que sente, há uma consciência silenciosa, capaz de observar tudo ampla e profundamente com neutralidade e não-julgamento.

Os hindus chamam a isto de “a testemunha”.

Os índios chamam de “visão da águia”: sair voando de dentro do burburinho dos eventos (do mundo e da mente) e, de cima, com uma perspectiva bem ampla, observar os acontecimentos sem identificações ou julgamentos.

Nossa cultura cristã, cartesiana e newtoniana, misturou a consciência com a mente pensante, e agora os orientais e os xamãs tiveram de vir ao nosso encontro para nos ajudar a descolar de novo a consciência da mente racional.

Um exemplo: não podemos impedir um rio de correr (bem como não podemos impedir a mente de pensar), mas podemos sair de dentro do rio caudaloso de nossa vida (ou de nossa mente, como ocorre na meditação) – onde estamos imersos até o pescoço – e sentar na sua margem e apenas observar.

Quando dentro do rio, imersos até o pescoço, lutando para não afundar no turbilhão das emoções e dos pensamentos, qualquer ondinha nos parece um vagalhão e pode, hipoteticamente, afogar-nos.

Mas quando nos sentamos à beira do rio e apenas observamos, sem racionalizar nem conceitualizar nada, o vagalhão vira ondinha, dando-nos uma perspectiva mais correta e um envolvimento menos sofrido com a vida, aproveitando muito mais as experiências em prol de nossa evolução.

E, principalmente, podemos ter a fundamental perspectiva de que, assim como um rio, toda a vida é impermanente, transitória e mutante. Só a consciência é eterna, permanente e real.

Então, não vale a pena naufragar e se desequilibrar por causa de coisas que vão obrigatória e necessariamente passar.

A ciência é: nem naufragar nem reprimir. Este é o "fio da navalha" do qual falam as escrituras orientais.

É claro que a neutralidade e não-julgamento não é "não ter opinião", até porque para fazermos nossas escolhas precisamos exercitar o discernimento. E é impossível não ter opinião.

Mas neutralidade é manter a consciência neutra e ativa, acima dos acontecimentos, para que não estejamos indentificados e cristalizados em nossas opiniões e conceitos.

Opiniões e conceitos devem ter uma dinâmica. Devem estar sempre mudando e se reciclando à medida que crescemos e evoluímos.

As coisas acontecem, nós as observamos, percebemos sua função para nós (o que é que eu tenho que aprender com isso?), sentimos os sentimentos e as emoções, e as deixamos reter apenas o aprendizado recebido da experiência.

Mantra Sugerido: EU SOU A SEMENTE E O FRUTO DA PERFEIÇÃO

A CULPA E A VÍTIMA

Livre-se do culpado, do culpador e da vítima que existem em você!

A única função da culpa é manter sua baixa autoestima (por essa razão, algumas religiões fomentam as ideias da culpa e da vítima para assim manterem seu poder).

Transmute a culpa por responsabilidade. Ninguém é culpado de absolutamente nada (assim como também ninguém é vítima de nada nem de ninguém), mas todos são completamente (co)responsáveis por absolutamente tudo.

Os índios dizem que quando você aponta o dedo para alguém, tem três dedos apontados para você...

Todos sempre fazem o que é possível de ser feito. Todos sempre fazem seu melhor, por mais absurdo ou trágico que isso, às vezes, possa parecer.

Porque todos pediram e atraíram tudo o que vivem, como exercício evolutivo. E tudo está integrado em uma Ordem Maior, inteligente e perfeita.

Estamos aqui para entrar em contato com a nossa Sombra, aceitá-la e transmutá-la. nossa Sombra. Nossos defeitos, erros, falhas, fraquezas e imperfeições não são uma maldição, nem algo que existe para nos derrotar.

A Sombra é o próprio caldeirão onde fervem todas as coisas que temos que exercitar, equilibrar, superar, vencer e transformar.

E a vida é o nosso grande laboratório.

Os relacionamentos existem para que a Sombra possa vir à superfície e ser trabalhada, iluminada. Por esse motivo se diz que em um relacionamento, depois que a fase da paixão passa, as máscaras caem. E isso é fundamental que aconteça para que exista o confronto e a transmutação das sombras.

Veja outra coisa interessante que dificilmente nos ocorre: quando achamos que fizemos mal a alguém, superestimamos nossa atitude e não sabemos de toda essa "fisiologia" dos relacionamentos que estamos expondo neste livro, normalmente nos sentimos péssimos, culpados e com a autoestima baixa.

Na verdade, isso é uma forma de arrogância oculta e de ego disfarçado, pois quem pensamos que somos, que temos esse poder todo de fazer "mal" a alguém como se fôssemos Deus, com toda a independência e autonomia?

A pessoa que recebeu o mal, o erro ou defeito, também atraiu esse mal para si e esse é o erro. Somos parceiros nessa experiência. Não pense que temos esse poder todo de fazer alguma coisa a alguém sem o seu consentimento.

Se não entendemos dessa maneira, as coisas se repetem, se repetem... Como um torniquete cósmico que nos aperta até que consigamos sair por cima!

Substitua a palavra "desculpe" – que é um pedido para se tirar a culpa (ou "perdão", que tem o mesmo peso) – por "sinto muito" (sugestão do terapeuta Bert Hellinger).

Eu sinto muito por, apesar de ter feito o melhor que me foi possível, e de saber que você (co)atraiu meus atos ou minhas palavras (não sendo, portanto, minha vítima), você sofreu. E eu também sinto, e nós nos irmanamos neste sentimento que é nosso.

Um mestre disse que "o santo foi um pecador que nunca desistiu" e que "ter defeitos, falhas, imperfeições é nosso direito. Mas trabalhar para transmutá-los é nosso dever".

A função do "mal" não é vencer o Bem, é se transformar em Bem.

A função da Sombra não é apagar a Luz, é se transmutar em Luz.

Mantra Sugerido: EU SOU TOTALMENTE RESPONSÁVEL POR TODOS OS MEUS ATOS, PENSAMENTOS, SENTIMENTOS E PALAVRAS

A LEI DA ATRAÇÃO

Adote em sua vida as perguntas: "Por que eu atraí isto?" e "O que é que eu tenho de aprender com isso que eu atraí?".

Todas as coisas que nos acontecem são atraídas por nós para nos ensinar e nos exercitar.

O nosso Eu Superior e a Vida estão sempre fazendo suas arrumações para que possamos aprender e evoluir.

Por essa razão alguém já disse: "cuidado com o que você deseja pois pode acontecer!".

Costumamos achar que quando pedimos a Deus alguma virtude ou qualidade positiva, Ele milagrosamente irá introduzir essa virtude em nossa mente e de repente ficamos pacientes, ou disciplinados, ou tolerantes...

Provavelmente o que a vida fará, é lhe proporcionar pessoas e situações que vão fazê-lo desenvolver e exercitar aquela virtude.

Se você pediu paciência, provavelmente vai atrair pessoas que vão fazê-lo perdê-la, e aí é que estará o seu exercício e seu aprendizado.

Então, sempre que as pessoas ou circunstâncias lhe trouxerem desconfortos ou incômodos, em vez de se revoltar, ofender-se ou entristecer-se, ou, ainda pior, achar que a culpa é só do outro, pergunte à vida o que essa situação atraída por você está o obrigando a trabalhar. Que virtudes e qualidades você está tendo que desenvolver para lidar com isso de forma harmônica e equilibrada, de forma a que possa favorecer seu crescimento.

Agora, se ao ler o título deste item você achou que tinha algo a ver com o filme que fala sobre a Lei da Atração, lembre-se de que até pode conseguir uma casa de quatro milhões de dólares.

Mas nunca se esqueça de que o Universo é quem decide, e que o desapego é uma das maiores e mais inteligentes virtudes. Até para não criar mais um frustrado, caso seu merecimento não lhe disponibilizar o que você deseja, na hora em que você quer.

Saiba também que o Universo não entende e não registra a palavra NÃO.

Nunca afirme nada no negativo. Não diga "não quero ficar doente". Para o Universo é o mesmo que afirmar "eu quero ficar doente". Diga "eu sou saudável", "eu sou rico" (em vez de "eu não quero ser pobre"), e assim por diante. Dessa forma, a Criação funciona como sua parceira.

E não se esqueça: somos como ímãs que estão constantemente atraindo e repelindo – pessoas, coisas e situações. Só que a qualidade do que atraímos é diretamente proporcional à qualidade do que emitimos. A qualidade do externo é um reflexo da qualidade do interno. E este é o único jeito de mudar alguém: mudando a nós mesmos.

Mantra Sugerido: EU JÁ ESTOU NA META PARA ONDE ME DIRIJO

A QUESTÃO DA CARIDADE
(A Ciência do Dar e Receber)

Não é por causa do marido, minha amada, que o marido é querido, e sim por causa do Eu.

Não é por causa da esposa, minha amada, que a esposa é querida, e sim por causa do Eu.

Não é por causa dos filhos, minha amada, que os filhos são queridos, e sim por causa do Eu.

Não é por causa da riqueza, minha amada, que a riqueza é querida, e sim por causa do Eu.

Não é por causa dos mundos elevados, minha amada, que os mundos elevados são desejados, e sim por causa do Eu.

Não é por causa dos deuses, minha amada, que os deuses são adorados, mas por causa do Eu.

Não é por causa das criaturas, minha amada, que as criaturas são queridas, e sim por causa do Eu.

Não é por causa de si própria, minha amada, que qualquer coisa é estimada, e sim por causa do Eu.

(Brihadaranyaka Upanishad, escritura hindu)

Quando Jesus falou "amai ao próximo como a ti mesmo", Ele não disse que deveríamos amar ao próximo mais que a nós mesmos.

Afinal, como poderíamos amar alguém se não amamos aquele com quem teremos de conviver por todas as nossas vidas – nós mesmos?

Se não nos amamos, tudo o que podemos sentir pelos outros e buscar neles são interesses, transferências, projeções, segurança, solução de carências, atração sexual, dependência, alimentos de neuroses... Nada errado, apenas incompleto e desequilibrado.

Amarmo-nos não é inflar nosso ego e nos sentirmos melhores ou maiores do que alguém ou alguma coisa. É nos reconhecermos e nos respeitarmos em relação à nossa essência Una, ao nosso potencial humano, talentos e realizações, e às nossas qualidades e virtudes. Pode parecer vaidade, mas não é. Vaidade é se achar melhor que os outros.

As religiões que advogam a condição fundamentalmente culpada e pecadora do homem, criaram uma crença moral-religiosa de que pensarmos prioritariamente em nós e fazermos alguma coisa por nós mesmos é um abominável egoísmo. A virtude máxima é anular-se por alguém ou por alguma causa.

Mas, se nos anulamos e nos consideramos pessoas menores, como vamos amar o próximo como a nós mesmos? Que qualidade de amor vamos poder compartilhar?

Um bom mantra neste caso, seria: "EU PRIMEIRO".

Isso não é egoísmo. Egoísmo seria se o mantra fosse "SÓ EU".

Então ficam aqui as seguintes perguntas para uma (re)reflexão, um (re)questionamento de conceitos que estão tão cristalizados em nosso inconsciente coletivo cultural e religioso, que são considerados as "verdades" absolutas, os valores corretos, verdadeiros tabus:

•Por que dar é mais nobre do que receber?

•Por que fazer por si é menos nobre do que fazer pelo outro?

•Por que dar o que falta é mais nobre do que dar o que sobra?

•Por que "fazer o bem sem olhar a quem" é mais nobre do que optar e escolher a quem você vai disponibilizar sua ajuda?

•Por que fazer sem esperar recompensa é mais nobre que fazer esperando um retorno (já que tudo dá retorno mesmo que você não queira, então o que se tem que desenvolver é o desapego)?

Todo o Universo funciona na mão dupla, na ida e na volta, na causa e no efeito, no Yin e no Yang. Quando uma das vias se bloqueia, desequilibra-se todo o processo.

Por exemplo, achar que dar é mais nobre que receber e que fazer pelo outro é mais importante do que fazer por si (e ser o bonzinho, aquela pessoa que faz tudo por todo mundo e depois sofre porque acha que ninguém retribui, todos são ingratos), e achar que dar o que falta é mais elevado do que dar o que sobra, são exatamente as portas para a descompensação, que acaba por abrigar, em alguma parte dentro de cada um, raiva e revolta, que se não vêm à consciência e não são trabalhadas, acabam se somatizando em alguma doença física, ou psicoemocional, ou sendo descarregadas neuroticamente nas outras pessoas.

Muita gente argumenta que pensar em si e fazer por si primeiro, pode fazer inflar o ego e desenvolver insensibilidade para com o outro, arrogância, frieza etc., mas penso que fazer caridade também pode vir a incorrer em um grande ego, vaidades e sentimentos de superioridade.

Kardec fala que "fora da caridade não há salvação", mas é importante que o exercício da caridade não esteja ocultando uma fuga interna, anestesiando questões presentes e passadas, compensando baixa autoestima, afetos ausentes e carências, ou sendo usada para que a pessoa se senta aceita e amada.

Nada disso está errado, mas é necessário trazer tudo para a consciência, aceitar e transmutar, para que não fiquemos tempo demais nos enganando e sofrendo.

Não tem problema nenhum esperar o retorno de uma ação – contanto que haja aceitação plena (e desapego) em relação ao que o Universo nos enviar neste retorno.

Primeiro, porque o retorno sempre vem mesmo, segundo, porque temos que atuar sempre com objetivos, e quem tem objetivos espera um retorno; e terceiro, porque – como diz o texto da

Upanishad lá no início – nós fazemos tudo por nós mesmos (lembre-se que a física quântica diz que você é o centro do Universo).

Quando fazemos caridade estamos ajudando a nós mesmos através do outro, quando amamos alguém estamos procurando amar à nós mesmos através do outro, quando temos filhos buscamos à nós mesmos através dos filhos... e assim é, nem errado nem certo, nem bom nem mau.

O segredo não é não esperar o retorno de uma ação (até porque isso é impossível, esperar uma contrapartida é absolutamente natural), é ter aceitação e desapego em relação ao que o Universo nos disponibilizar.

Nós fazemos a nossa parte, mas não podemos controlar a parte do Universo. E temos de aprender com tudo o que a vida nos oferece, independentemente dos nossos julgamentos, desejos e necessidades.

Se damos o que nos falta (que pode ser muitas coisas, dinheiro, tempo, paciência, trabalho, atenção, afeto), atestamos para nós mesmos e para o Universo que reconhecemos nossa inferioridade, já que ao dar o que nos falta consideramos de alguma forma o outro melhor ou mais merecedor do que nós.

Isso, naturalmente só era interessante a religiões e às ditaduras...

Naturalmente que o desbalanceamento não fica incólume e a descompensação vai "morar" em algum recanto dentro de nós como raiva reprimida.

Talvez o mais inteligente seja entender que a maior tarefa que o ser humano tem a realizar aqui na Terra é recuperar a consciência de sua condição essencialmente Una, feliz e perfeita, e que os exercícios necessários (que ele mesmo atrai) para ir avançando nesta jornada, ninguém vai poder fazer por ele.

Obviamente, como somos uma teia, vamos invariável e inevitavelmente interagindo com muita gente ao longo da vida, ajudando e sendo ajudados, isso faz parte do nosso crescimento e é maravilhoso.

Não tem problema nenhum se fazer caridade, mas faça consciente de que é você mesmo quem você vê refletido no próximo.

É você, na sua dimensão mais humana e na sua dimensão mais Divina (o Eu de que fala a *Upanishad*).

Mas primeiro você cuida de você. Até porque, ninguém pode dar o que não tem...

Mantra Sugerido: EU ESTOU SEMPRE NO FLUXO QUE EXPANDE A CRIAÇÃO

O LIVRE-ARBÍTRIO

Uma pergunta clássica, que todo mundo um dia fez (normalmente na infância) é: "se Deus é tão bom e justo, porque o mundo é tão ruim, com tanta injustiça e maldade?".

Se quem a resposta é dada por um religioso cristão, provavelmente ele dirá que Deus fez tudo certinho e deu ao homem o livre-arbítrio, que o usou de forma errada.

Não é interessante Deus ter dado um poder tão grande ao homem que nem Ele poderia saber o que este homem faria?

Mas Deus não é onisciente? Como poderia não saber o que o homem ia fazer? Mas se Ele sabia, a Criação é um jogo de cartas marcadas? Deus já sabia de antemão quem ia para o céu ou para o inferno?

Bem, talvez seja melhor, menos absurdo e muito mais lógico, entender que o nosso livre-arbítrio está absolutamente interligado e inter-relacionado com todos os livres-arbítrios de todos os elementos constituintes da teia da Criação. E que somos (co)responsáveis e (co)criadores desta mesma Criação.

O que acha? Vamos (re)adotar este novo (e tão velho) conceito?

Entre outras coisas, poderemos deixar de achar que o mundo é ruim e que as coisas que acontecem são injustas e más.

E poderemos compreender que por trás da superfície, do aparente caos poluído, violento e decadente que vivemos no planeta atualmente, existe uma inteligência perfeita que trabalha incessantemente através da grande força de homeostase universal, rumo à re-experienciação e à realização de sua natureza essencial – a Unidade.

Todo mundo acha terrível o que está ocorrendo na Terra hoje. Mas ninguém se revolta quando uma supernova explode e causa uma gigantesca destruição em alguma esquina de alguma galáxia. Isso é visto como normal.

Kardec provavelmente acertou quando disse que a Terra era um planeta de expiação. E expiação é justamente o necessário encontro das Sombras, que como ele disse, pode se dar pelo amor ou pela dor.

Pelo amor quando, entre outras coisas, desenvolvemos a consciência da impermanência da vida e o consequente desapego para aceitar o que não pode ser controlado.

Pela dor, quando temos que atrair coisas, pessoas e situações que, carmicamente vem nos trazer os exercícios necessários, muitas vezes dolorosos (e muitas vezes repetidos, até que acordemos).

Isso indica que céu e inferno são instâncias internas.

Perceba como existem pessoas que vivem superbem, mesmo com dificuldades materiais ou de saúde, enquanto outras vivem uma vida interior de péssima qualidade, mesmo tendo posses ou prestígio.

E isto, com certeza, é fruto do livre-arbítrio.

Mantra Sugerido: EU SOU LIVRE

AS TRÊS VISÕES

A VISÃO DUPLA: os orientais e os xamãs estão indicando (há milênios!) que deveríamos viver a vida com o que poderíamos chamar de "visão dupla", ou seja, enquanto uma "parte" de nós está dentro do rio da vida experienciando conscientemente o movimento da mutante impermanência com todos os seus "pensares e sentires", outra "parte" está na "margem" observando silenciosa e neutramente o movimento do rio.

Só desta forma podemos entender a função dos exercícios e testes que atraímos (na maior parte das vezes inconscientemente) para nosso crescimento e evolução.

Também, procedendo assim, não necessitamos naufragar (como na maior parte das vezes fazemos) cada vez que a vida nos trouxer problemas, dificuldades, frustrações, conflitos, nem culpar a ninguém (nem a si próprio).

Desta perspectiva "dupla" podemos receber o que a vida nos trouxer, aceitar o que vier, entender sua função, sentir os sentimentos e as emoções inerentes aos eventos, aprender o que for necessário e deixar que tudo se vá, sem reter resíduos nem deixar que registros limitadores se instaurem em nosso ser.

Insisto que a meditação ainda é a ferramenta mais eficiente para promover o "descolamento" da consciência, já que o mundo ocidental fundiu a consciência com a mente racional como se fossem a mesma coisa, e em cima desta premissa construiu sua ciência, sua medicina e sua filosofia, entre outras coisas.

A VISÃO AUTORREFERENTE: a física quântica está indicando que "o centro do Universo é onde você está", na medida em que somos nós quem construímos a nossa realidade.

Obviamente não estou fazendo apologia do autocentramento no sentido egoísta do termo.

Mas pense bem, por exemplo, quem é seu pai? Provavelmente se perguntarmos a 10 ou 20 pessoas diferentes, teremos 10 ou 20 descrições diferentes, ou 10 ou 20 "pais" diferentes.

Se quem somos (no nível humano) tivesse um caráter de verdade absoluta, as 10 ou 20 descrições deveriam ser iguais.

Com certeza seu irmão teve um pai totalmente diferente do seu.

Então, o fato é que nós, com toda a nossa bagagem cármica, educacional e cultural, construímos as pessoas e as coisas ao nosso redor. E temos o poder de mudar estes constructos.

Veja que ao nosso redor existem pessoas vivendo no céu e outras no inferno, e não estamos (literalmente) em nenhum desses dois "lugares". O que para um é delícia para outro pode ser sofrimento.

Tudo é uma questão das crenças que carregamos, frutos de nossos registros psicoemocionais (*samskaras*, corpos energéticos).

Dentro dessa perspectiva, considerando que somos todos

Um, e considerando também a Ressonância e a Sincronicidade, podemos dizer que o Universo nos fala pela boca do outro.

E se quisermos ser ainda mais específicos e corretos, podemos afirmar que nós mesmos (nosso *self*) nos falamos pelos outros e pelas situações. Esta é a forma que a Inteligência Universal usa para nos informar e nos oferecer as dicas e os exercícios perfeitos para nossa caminhada evolutiva.

Usando uma imagem para ilustrar, poderíamos dizer que quando imputamos ao outro culpas e responsabilidades pelas nossas dores, estamos fazendo um movimento de dentro para fora. E quando imputamos a nós próprios essas culpas, estamos fazendo o movimento de fora para dentro.

Urge então restabelecer novamente a consciência da "mão dupla" nas relações. Um movimento de 8 deitado (lembra do símbolo do infinito?), que vai e volta incessantemente. Sem culpas nem vítimas. Apenas como co-responsáveis que se espelham magneticamente, como ímãs mutuamente funcionais, trabalhando em prol da expansão.

A VISÃO HOLOGRÁFICA: mais uma vez venho exortar a que nos livremos do jugo da perspectiva cartesiana e newtoniana que dominou e determinou a nossa cultura e civilização.

Esta visão linear e mecanicista da vida, aliada aos conceitos profundamente arraigados que foram imputados pela religião vigente, foram quem mais fomentaram a destruição gradual do planeta e a decadência da atual "civilização".

Holográfico quer dizer que cada "parte" contém o Todo. De cada perspectiva que observarmos o *Holos*, vemos o Todo. Assim, os orientais, os xamãs e a física quântica estão concordando e nos indicando esta forma de ver a vida.

Já se sabe até que o próprio cérebro humano não funciona analógica e sequencialmente, e sim, holograficamente.

Três dimensões e tempo/espaço são criações do nosso complexo cinco sentidos mente/racional/ego, cujas principais funções é estimular e manter as perspectivas cindidas que temos em relação ao nosso mundo interno e externo.

E isso não é um defeito da Criação. É uma forma de produzir exercícios e movimentos de "volta" ao estado incondicionado, absoluto.

O aqui e agora são o espaço e o tempo. Perdoem-me a redundância "realmente reais". É a verdadeira expressão da Eternidade.

Mantra Sugerido: VISÃO DA ÁGUIA

SOBRE FELICIDADE E SOFRIMENTO

Buddha dizia que sofremos porque temos desejos.

Algumas pessoas podem pensar que há algo errado em desejar, já que desejar é natural no ser humano.

Claro que não há nada errado em desejar. O desejo é quem move nosso movimento evolutivo.

Mas se ancoramos excessivamente nossos desejos em coisas externas (pessoas, objetos, eventos, sensações), certamente vamos entrar na "roda viva" do sofrimento, porque a mente e os sentidos nunca se saciam do prazer fugaz trazido pelas coisas externas. E quando as temos, sofremos pelo medo de perdê-las. E sofremos quando as perdemos, até porque o "para sempre" é uma invenção da nossa cultura.

O sofrimento é a distância entre o que desejamos e o que somos. E resistir ao que é, só mantém e aumenta o sofrimento.

Talvez a coisa mais difícil de se ensinar a uma pessoa que está estudando para ser terapeuta, é a diferença entre a intenção de curar e o desejo de curar.

Intenção de curar é estar no foco, fazendo o que é possível, com desapego pelos resultados. Desejo de curar é quando queremos manipular o processo, passando por cima do fato de que é o Universo quem controla. E essa atitude certamente é uma porta para as frustrações e para o ceticismo.

Não há nada errado com o sentir prazer, o gozar as coisas bonitas, agradáveis, gostosas, ainda que passageiras.

Só não podemos confundir prazer com felicidade.

Felicidade (ou bem-aventurança – *ananda* – como dizem os hindus), é o estado de estar integrado com o amor universal.

Confundir prazer com felicidade, é um equívoco que faz com que se entre em verdadeiros estados compulsivos, onde desesperadamente se busca uma completude em coisas ou pessoas que nunca vão poder dá-la, já que o que é impermanente não pode outorgar nenhum estado interno que seja permanente, absoluto. É como tentar se preencher com vento.

E o sistema capitalista se aproveita disso e capricha em criar de forma absolutamente maquiavélica e eficiente, através da mídia e da propaganda, desejos e necessidades "artificiais" que jamais serão realmente saciadas, produzindo uma escalada de vício e dependência.

Hoje temos instituições do tipo AA (Alcoólicos Anônimos) para quase todas as áreas da vida: sexólatras anônimos, comedores compulsivos, malhadores de academia compulsivos, *workaholics*.

Viva a vida buscando o belo, o gostoso, o agradável, mas lembre-se de que a maior virtude é a do desapego. Aceite o que vem do Universo, com consciência e maturidade, pois como dizia *Buddha*, a existência é sempre *anitya*, impermanente, tudo passa, tudo passa...

Matra Sugerido: EU JÁ SOU A FELICIDADE QUE BUSCO

SER, FAZER E TER

Imagine que nossa vida são três círculos concêntricos: bem no centro está o Ser (ou como diria C.G. Jung, o *self*), no segundo círculo o Fazer e no mais externo, o Ter.

O ideal é que vivêssemos centrados conscientemente neste *self* e tivéssemos nossos "tentáculos" no Fazer e no Ter, como ferramentas para operacionalizar a vida material e psicoemocional de forma a passarmos por ela saudavelmente.

O processo de *Maya* – a identificação do complexo cinco sentidos mente/racional/ego com a impermanência da vida – acaba deslocando ilusoriamente o centro da nossa existência para a periferia, criando "eus artificiais" (complexos de corpos energéticos) que passam a funcionar como norteadores da nossa vida.

Isso produz internamente uma enorme sensação de vazio, de incompletude, que faz com que estabeleçamos nossa referência no Fazer, ou pior, no Ter, que é, por exemplo, o que o sistema capitalista e seus *merchandisings* e *marketings* procuram nos fazer o tempo todo, tornando-nos compulsivos consumidores de produtos, sensações e pessoas, num *frenesi* interminável e insaciável de busca de uma completude que já está dentro de nós o tempo todo.

O objetivo maior da vida, assim como o objetivo de todos os trabalhos terapêuticos e espirituais é nos reconduzir à consciência absoluta do Ser, sem negar a importância relativa do Fazer e do Ter.

Mantra Sugerido: EU TENHO E FAÇO SEMPRE NA PLENA CONSCIÊNCIA DO SER

Contatos com o autor:
www.ernanifornari.com.br
www.espasaude.com.br
www.fogosagrado-brasilien.com

4. BIBLIOGRAFIA

ARRIEN,Angeles. O Caminho Quádruplo. Editora Agora.
ARNTZ,W.,CHASSE,B. e VICENTE, M. Quem Somos Nós? Editora Prestígio.
AZEVEDO, Murilo Nunes. O Pensamento do Extremo Oriente. Editora Pensamento.
BYRNE, Rhonda. O Segredo. Editora Ediouro.
CAMPBELL, Joseph e MOYERS, Bill. O Poder do Mito. Editora Palas Athena.
CAMPBELL, Joseph. As Máscaras de Deus. Vol 1 (Mitologia Primitiva) e vol 2 (Mitologia Oriental). Editora Palas Athena.
CAPRA, Fritjof. A Teia da Vida : uma nova compreensão científica dos sistemas vivos. Editora Cultrix.
CAPRA, Fritjof. As Conexões Ocultas : ciência para uma vida sustentável. Editora Cultrix.
CAPRA, Fritjof. O Ponto de Mutação. Editora Cultrix.
CAPRA, Fritjof. O Tao da Física . Editora Cultrix.
CARIDITI, Olga. Círculo de Xamãs. Editora Rocco.
CASTANEDA, Carlos. Passes Mágicos. Editora Nova Era.
CASTANEDA, Carlos. A Arte de Sonhar. Editora Nova Era.
CASTANEDA, Carlos. A Erva do Diabo. Editora Record.
CASTANEDA, Carlos. A Roda do Tempo. Editora Nova Era.
CASTANEDA, Carlos. O Fogo Interior. Editora Record.
CASTANEDA, Carlos. O Lado Ativo do Infinito. Editora Nova Era.
CASTANEDA, Carlos. O Poder do Silêncio. Editora Record.
CASTANEDA, Carlos. O Presente da Águia. Editora Record.
CASTANEDA, Carlos. O Segundo Círculo do Poder. Editora Record.
CASTANEDA, Carlos. Porta para o Infinito. Editora Record.
CASTANEDA, Carlos. Uma Estranha Realidade. Editora Record.
CASTANEDA, Carlos. Viagem a Ixtlan. Editora Record.

CHOPRA, Deepak. A Cura Quântica. Editora Best Seller.
CHOPRA, Deepak. As Sete Leis Espirituais do Sucesso. Editora Best Seller.
CHOPRA, Deepak. Conexão Saúde. Editora Best Seller.
CHOPRA, Deepak. Saúde Perfeita. Editora Best Seller.
DAYANANDA, Swami. O Valor dos Valores. Editora Vidya Mandir.
DHAMMAPADA. Editora Pensamento.
DYCHTWALD, Ken. CorpoMente. Editora Summus.
ELIADE, Mircea. O Xamanismo e as técnicas arcaicas do êxtase. Editora Martins Fontes.
ELIADE, Mircea. Yoga,Imortalidade e Liberdade. Editora Palas Athena.
EPSTEIN,Mark. Pensamentos sem Pensador. Editora Gryphus.
FEUERSTEIN,Georg. A Tradição do Yoga. Editora Pensamento.
GIBRAN, Khalil Gibran. O Profeta. Editora Vozes.
GOLEMAN, Daniel. Inteligência Emocional : a teoria revolucionária que redefine o que é ser inteligente. Editora Objetiva.
GOSWAMI, Amit. A Física da Alma: a explicação científica para a reencaração, a imortalidade e experiências de quase morte. Editora Aleph.
GOSWAMI, Amit. A Janela Visionária : um guia para a iluminação por um físico quântico. Editora Cultrix.
GOSWAMI, Amit. O Médico Quântico : orientações de umfísico para a saúde e a cura. Editora Cultrix.
GOSWAMI, Amit. O Universo Autoconsciente : como a consciência cria omundo material. Editora Aleph.
GRAMACHO, Derval e Vitoria. Magia Xamânica. Editora Rocco.
GROF, Stanislav & BENETT. A Mente Holotrópica : novos conhecimentos sobre psicologia e pesquisa da consciência. Editora Rocco.
GROF, Stanislav. A aventura da auto-descoberta. Editora Summus.
GROF, Stanislav. Emergência espiritual : crise e transformação espiritual. Editora Cultrix.
GROF, Stanislav. Psicologia do Futuro : lições das pesquisas modernas de consciência. Editora Heresis.
HAY, Louise L. Você pode curar sua vida. Editora Best Seller.
HARNER, Michael. O Caminho do Xamã. Editora Cultrix.
HELLINGER, Bert. A simetria oculta do Amor. Editora Cultrix.
HELLINGER, Bert. Ordens do Amor. Editora Cultrix.
HELLINGER, Bert. Conflito e Paz – uma resposta. Editora Pensamento.
HELLINGER, Bert. No Centro sentimos leveza. Editora Cultrix.
HELLINGER, Bert. Desatando os laços do destino. Editora Cultrix.
HELLINGER, Bert. Religião, Psicoterapia e Aconselhamento Espiritual.

Editora Cultrix.
INGERMAN, Sandra. O Resgate da Alma: reencontre os pedaços da alma quer você perdeu. Editora Vida e Cosnciência.
INGERMAN, Sandra. Jornada Xamânica : um guia para principiantes. Editora Vida e Consciência.
JASMUHEEN. Viver de Luz : a fonte de alimento para o nôvo milênio. Editora Aquariana.
JOHARI, Harish. Os Chakras. Editora Betrand.
JOHNSON, Willard. Do Xamanismo à Ciência : uma história da meditação. Editora Cultrix.
JUNG, C.G. Psicologia do Inconsciente. Editora Vozes.
JUNG, C.G. O Eu e o Inconsciente. Editora Vozes.
JUNG, C.G. Os Arquétipos e o Inconsciente Coletivo. Editora Vozes.
JUNG, C.G. A Sincronicidade. Editora Vozes.
JUNG, C.G. Presente e Futuro. Editora Vozes.
JUNG, C.G. O desenvolvimento da personalidade. Editora Vozes.
JUNG, C.G. A Natureza da Psique. Editora Vozes.
KRISHNAMURTI, J. A Cultura e o Problema Humano. Editora Cultrix.
KRISHNAMURTI, J. A Educação e o Significado da Vida. Editora Cultrix.
KRISHNAMURTI, J. A Primeira e a Ultima Liberdade. Editora Cultrix.
KRISHNAMURTI, J. Comentários sobre o Viver. Editora Cultrix.
KRISHNAMURTI, J. Diálogos sobre a Vida. Editora Cultrix.
KRISHNAMURTI, J. Reflexões sobre a Vida. Editora Cultrix.
KRISHNAMURTI, J. Uma Nova Maneira de Agir. Editora Cultrix.
KRISHNAMURTI, J. Liberte-se do Passado. Editora Cultrix.
LIPTON, H. Bruce. A Biologia da Crença,. Editora Butterfly.
LOWEN, Alexander. A Espiritualidade do Corpo. Editora Cultrix.
MENDES, Eliezer C. Personalidade Subconsciente. Editora Pensamento.
MENDES, Eliezer C. Personalidade Hiperconsciente. Editora Pensamento.
MENDES, Eliezer C. Personalidades Subliminares. Editora Universalista,
MOTOYAMA, Hiroshi. A Teoria dos Chakras : ponte para a consciência superior. Editora Pensamento.
MUKTANANDA,Swami. El juego de la Consciência. Ed. SYDA.
OSHO, Bhagwan Shree Rajneesh. A Arte de Morrer. Editora Global/Ground.
OSHO, Bhagwan Shree Rajneesh. A Psicologia do Esotérico. Editora Tao/Parma.
OSHO, Bhagwan Shree Rajneesh. A Semente de Mostarda. Editora Tao.
OSHO, Bhagwan Shree Rajneesh. Dimensões além do Conhecido. Editora Soma.

OSHO, Bhagwan Shree Rajneesh. Eu Sou a Porta. Editora Pensamento.
OSHO, Bhagwan Shree Rajneesh. Meditação : A Arte do Êxtase. Editora Cultrix.
OSHO, Bhagwan Shree Rajneesh. Meu Caminho : O Caminho das Nuvens Brancas. Editora Tão.
OSHO, Bhagwan Shree Rajneesh. Nem Água nem Lua. Editora Cultrix.
OSHO, Bhagwan Shree Rajneesh. Palavras de Fogo. Editora Global/Ground.
OSHO, Bhagwan Shree Rajneesh. Tantra : A Suprema Compreensão. Editora Cultrix.
PIERRAKOS, Eva & SALY, Judith. Criando União : O significado espiritual dos relacionamentos. Editora Cultrix.
PIERRAKOS, Eva & THESENGA, Donovan. Não Temas o Mal : O Método Pathwork para a Transformação do Eu Interior. Editora Cultrix.
PIERRAKOS, Eva & THESENGA, Donovan. Entrega ao Deus Interior. Editora Cultrix.
PIERRAKOS, Eva. O Caminho da Auto-Transformação. Editora Cultrix.
REICH, Wilhelm. A função do Orgasmo. Editora Brasiliense.
REICH, Wilhelm. A Revolução Sexual. Editora Brasiliense.
ROSAS, Paulo Murilo. Os segredos do Tantra e do Yoga.
ROSAS, Paulo Murilo. A Psicologia do Tantra.
SAMS, Jamie . Cartas do Caminho Sagrado : a descoberta do ser através dos ensinamentos dos índios norte-americanos. Editora Rocco.
SAMS, Jamie. Cartas Xamânicas. Editora Rocco.
SAMS, Jamie. Dançando o Sonho : os sete caminhos sagrados da transformação humana. Editora Rocco.
SHELDRAKE, Rupert. O Renascimento da Natureza. Editora Cultrix.
SHELDRAKE, Rupert. Sete experimentos que podem mudar o mundo. Editora Cultrix.
SHELDRAKE, Rupert. A Ressonância Mórfica e a presença do passado – os hábitos da Natureza. Editora Cultrix.
SHELDRAKE, Rupert. A sensação de estar sendo observado. Editora Cultrix.
SHELDRAKE, Rupert. A Física dos Anjos . Editora Aleph.
SILVA,Georges da & Rita Homenko. Budismo: Psicologia do Autoconhecimento. Editora Pensamento.
TALBOT, Michael. O Universo Holográfico : uma perturbadora concepção da realidade como um holograma gigante gerado pela mente. Editora Record.
TOLLE, Eckhart. O Despertar de uma Nova Consciência. Editora Sextante.

TOLLE, Eckhart. O Poder do Agora. Editora Sextante.
TSÉ, Lao. Tao Te King.
VITALE, Joe & dr. I.H.Len. Limite Zero. Editora Rocco.
VYASA. Bhagavad Gita.
WILBER, Ken. Uma breve história do Universo. Editora Nova Era.
WILBER, Ken. O Espectro da Consciência. Editora Cultrix.
WILBER, Ken. As transformações da Consciência. Editora Cultrix.
WILBER, Ken. A união da alma e dos sentidos. Editora Cultrix.
WILBER,Ken. O Paradigma holográfico e outros paradoxos. Editora Cultrix.
WILBER, Ken. A Espiritualidade Integral – uma nova função para a Religião neste início de milênio. Editora Aleph.
WILBER, Ken. Uma Teoria de Tudo. Editora Cultrix.
WILBER, Ken. A união da Alma dos sentidos. Editora Cultrix.
WILBER, Ken. Psicologia Integral – Consciência, Espírito, Psicologia, Terapia. Editora Cultrix.
YOGANANDA, Paramahansa. Autobiografia de um Yogue. Editora Summus.
ZIMMER, Heinrich. As Filosofias da India. Editora Palas Athena.

Sucessos de
ZIBIA GASPARETTO

Livro: Zibia Gasparetto

- Reflexões Diárias

Crônicas: Silveira Sampaio

- Pare de Sofrer
- O Mundo em que Eu Vivo
- Bate-papo com o Além
- O Repórter do Outro Mundo

Crônicas: Zibia Gasparetto

- Conversando Contigo!
- Eles Continuam Entre Nós

Autores Diversos

- Pedaços do Cotidiano
- Voltas que a Vida Dá

Romances: Lucius

- O Amor Venceu
- O Amor Venceu (em edição ilustrada)
- O Morro das Ilusões
- Entre o Amor e a Guerra
- O Matuto
- O Fio do Destino
- Laços Eternos
- Espinhos do Tempo
- Esmeralda
- Quando a Vida Escolhe
- Somos Todos Inocentes
- Pelas Portas do Coração
- A Verdade de Cada Um
- Sem Medo de Viver
- O Advogado de Deus

• Quando Chega a Hora
• Ninguém é de Ninguém
• Quando é Preciso Voltar
• Tudo Tem Seu Preço
• Tudo Valeu a Pena
• Um Amor de Verdade
• Nada é Por Acaso
• O Amanhã a Deus Pertence
• Onde Está Teresa?
• Vencendo o Passado
• Se Abrindo pra Vida

Sucesso de
SILVANA GASPARETTO

• Fada Consciência

Sucessos de
LUIZ ANTONIO GASPARETTO

• Atitude
• Faça Dar Certo
• Se Ligue em Você (adulto)
• Se Ligue em Você – nº 1 (infantil)
• Se Ligue em Você – nº 2 (infantil)
• Se Ligue em Você – nº 3 (infantil)
• A Vaidade da Lolita (infantil)
• Essencial (livro de bolso com frases de autoajuda)
• Gasparetto (biografia mediúnica)
• Prosperidade Profissional
• Conserto Para uma Alma Só (poesias metafísicas)
• Para Viver Sem Sofrer

Série AMPLITUDE

• Você está Onde se Põe
• Você é Seu Carro
• A Vida lhe Trata como Você se Trata
• A Coragem de se Ver

CALUNGA

- Um Dedinho de Prosa"
- Tudo pelo Melhor
- Fique com a Luz...
- Verdades do Espírito

LUIZ ANTONIO GASPARETTO EM CD

Aprenda a lidar melhor com as suas emoções para conquistar um maior domínio interior.

- A Eternidade de Fato
- Prosperidade
- Conexão Espiritual

Série PRONTO SOCORRO
Autoajuda
1 – Confrontando o Desespero
2 – Confrontando as Grandes Perdas
3 – Confrontando a Depressão
4 – Confrontando o Fracasso
5 – Confrontando o Medo
6 – Confrontando a Solidão
7 – Confrontando as Críticas
8 – Confrontando a Ansiedade
9 – Confrontando a Vergonha
10 – Confrontando a Desilusão

Série VIAGEM INTERIOR (vols. 1, 2 e 3)
Autoajuda • Exercícios de Meditação
Por meio de exercícios de meditação, mergulhe dentro de você e descubra a força de sua essência espiritual e da sabedoria. Experimente e verá como você pode desfrutar de saúde, paz e felicidade desde já.

Série CALUNGA
Autoajuda
- Prece da Solução
- Chegou a Sua Vez!
- Presença

• Ta Tudo Bão!
• Teu amigo

Série PALESTRAS
Autoajuda
• S.O.S. Dinheiro
• Mediunidade
• O Sentido da Vida
• Os Homens
• Paz Mental
• Romance Nota 10
• Segurança
• Sem Medo de Ter Poder
• Simples e Chique
• Sem Medo de Ser Feliz
• Sem Medo da Vida
• Sem Medo de Amar
• Sem Medo dos Outros

Série REALIZAÇÃO
Autoajuda
Com uma abordagem voltada aos espiritualistas independentes, eis aqui um projeto de 16 CDs para você melhorar. Encontros com o Poder Espiritual para práticas espirituais de prosperidade. Nesta coleção você aprenderá práticas de consagração, dedicação, técnicas de orações científicas, conceitos novos de forma espiritual, conhecimento das leis do destino, práticas de ativar o poder pessoal e práticas de otimização mental.

Série VIDA AFETIVA
Autoajuda
1 – Sexo e Espiritualidade
2 – Jogos Neuróticos a Dois
3 – O que Falta pra Dar Certo
4 – Paz a Dois

Série LUZES
Autoajuda • Coletânea com 8 CDs Volumes 1 e 2

Este é um projeto idealizado pelos espíritos desencarnados que formam no mundo astral o Grupo dos Mensageiros da Luz. Por meio de um curso ministrado no Espaço Vida & Consciência, pela mediunidade de Gasparetto, eles nos revelaram os poderes e mistérios da Luz Astral, propondo exercícios para todos aqueles que querem trabalhar pela própria evolução e melhoria do planeta. Nesta coletânea, trazemos essas aulas, captadas ao vivo, para que você também possa se juntar às fileiras dos que sabem que o mundo precisa de mais luz.

Série ESPÍRITO
Autoajuda
1 – Espírito do Trabalho
2 – Espírito do Dinheiro
3 – Espírito do Amor
4 – Espírito da Arte
5 – Espírito da Vida
6 – Espírito da Paz
7 – Espírito da Natureza
8 – Espírito da Juventude
9 – Espírito da Família
10 – Espírito do Sexo
11 – Espírito da Saúde
12 – Espírito da Beleza

Série PALESTRA
Autoajuda
1 – Meu Amigo, o Dinheiro
2 – Seja Sempre o Vencedor
3 – Abrindo Caminhos
4 – Força Espiritual

LUIZ ANTONIO GASPARETTO EM DVD

O MUNDO EM QUE EU VIVO
Autoajuda
Momentos inesquecíveis da palestra do Calunga proferida no dia 26 de novembro de 2006 no Espaço Vida & Consciência.

INFORMAÇÕES E VENDAS:

Rua Agostinho Gomes, 2312
Ipiranga • CEP 04206-001
São Paulo • SP • Brasil
Fone / Fax: (11) 3577-3200 / 3577-3201
E-mail: editora@vidaeconsciencia.com.br
Site: www.vidaeconsciencia.com.br